Szellem, Lélek és Test I

„Önmagunk" keresésének titokzatos története

Szellem, Lélek és Test I

Dr. Jaerock Lee

Szellem, Lélek és Test I, szerző: Dr. Jaerock Lee
Kiadja az Urim Books (Képviselő: Kyungtae Noh)
73, Yeouidaebang-ro 22-gil, Dongjak-gu, Szöul, Korea
www.urimbooks.com

Ez a könyv vagy annak egy része nem reprodukálható semmilyen formában, nem tárolható előhívható rendszerben, nem sokszorosítható semmilyen formában vagy eszköz által, elektronikus, mechanikai vagy fénymásolt, rögzített vagy más formában, a kiadó előzőleges írásos beleegyezése nélkül.

Hacsak másként nem jelöltük, az összes bibliai idézet a Károli Szent Bibliából származik. Engedéllyel felhasználva.

Szerzői jog: © 2015 Dr. Jaerock Lee
ISBN: 979-11-263-0009-9 04230
ISBN: 979-11-263-0008-2(set)
Fordítói jog: © 2013 Dr. Esther K. Chung. Engedéllyel felhasználva.

Korábban koreai nyelven kiadva az Urim Books által 2009-ben

Első kiadás 2015 szeptember

Szerkesztő: Dr. Geumsun Vin
Szerkesztette az Urim Books Kiadói Hivatala
Nyomtatva a Yewon Printing Company által
További információért lépjen kapcsolatba a következő címen: urimbook@hotmail.com

Előszó

Az emberek általában sikeresek szeretnének lenni, és egy boldog, kényelmes életet szeretnének élni. Azonban, ha van is pénzük, hatalmuk, hírnevük, senki nem tudja a halált elkerülni. Shir Huang-di, az ókori Kína első császára az életelixírt tartalmazó növényt kereste, azonban ő sem tudta elkerülni a halált. Azonban, a Biblia által Isten megtanítja nekünk azt az életmódot, amellyel az örök életet elérhetjük. Ez az élet Jézus Krisztusból ered.

Attól kezdve, hogy elfogadtam Jézus Krisztust, és elkezdtem olvasni a Bibliát, azért imádkoztam mélyen, hogy megértsem Isten szívét. Isten válaszolt nekem, hét évnyi ima és böjti időszak után. Miután megnyitottam a templomot, Isten elmagyarázott nekem sok nehéz részletet a Bibliából a Szentlélek ihletése által, ezek közül az egyik, amely a „Szellem, Lélek és Test" tartalmát képezi. Ez a titokzatos történet, amely lehetővé teszi, hogy megértsük az emberek eredetét, és lehetővé teszi számunkra, hogy megértsük önmagunkat. Arról szól, amit nem voltam

v

képes sehol máshol meghallani, és a nagy örömömről, amely leírhatatlan.

Amikor ezeket az üzeneteket közvetítettem a szellem, a lélek és a test dolgairól, sok tanúvallomás és válasz érkezett, mind Koreából, mind a tengerentúlról. Sokan azt mondták, hogy felismerték magukat, megértették, milyen teremtmények voltak, és választ kaptak sok nehéz Biblia-részletre, valamint megértették, hogyan nyerhetnek igaz életet. Néhányan közülük most azt mondják, hogy most már az a céljuk, hogy a szellem embereivé váljanak, és részt vegyenek az isteni természetében Istennek, és ezt úgy igyekeznek elérni, amint rögzítve van a 2 Péter 1,4-ben: amelynek szövege: *„A melyek által igen nagy és becses ígéretekkel ajándékozott meg bennünket; hogy azok által isteni természet részeseivé legyetek, kikerülvén a romlottságot, a mely a kívánságban van e világon."*

Sun Tzu *A Háború Művészetében* azt mondja, hogy ha ismered magadat és az ellenségedet, akkor soha nem fogsz elveszíteni semmilyen csatát. A „Szellem, Lélek és Test" fényt derít az „én" mélyrétegeire, és megtanít bennünket az emberek

Előszó

eredetére. Ha egyszer megtanuljuk és megértjük ezt az üzenetet alaposan, képesek leszünk megérteni bármilyen személyt. Azt is megtanuljuk, hogyan lehet legyőzni a sötétség erőit, amelyek hatottak ránk, hogy győzedelmes keresztény életet élhessünk.

Hálát adok Geumsun Vinnek, a kiadói hivatal igazgatójának, valamint a munkavállalóknak, akik odaadással segítették ennek a könyvnek a megjelenését. Remélem boldogulni és növekedni fog a könyv olvasója mindenben, és egészséges lesz, miközben a lelke virágzik, továbbá részt vesz az Isteni természetben.

2009. június,

Jaerock Lee

A Szellem, Lélek és Test körüli utazás kezdete

"Maga pedig a békességnek Istene szenteljen meg titeket mindenestől; és a ti egész valótok, mind lelketek, mind testetek feddhetetlenül őriztessék meg a mi Urunk Jézus Krisztus eljövetelére" (1 Tesszalonika 5,23).

A teológusok már régóta vitatkoznak az emberi lények dichotóm és trichotóm elmélete között. A dichotóm elmélet szerint az emberek két részből állnak: szellem és test, míg a trichotóm elmélet szerint három részből: szellem, lélek és test. Ez a könyv a trichotóm elméletet veszi alapul.

Általában, a tudás az emberrel és az Istennel kapcsolatos tudás kategóriákba sorolható. Nagyon fontos számunkra, hogy megszerezzünk valamilyen tudást Istenről, amíg az életünket éljük ezen a földön. Sikeres életet, és örök életet nyerhetünk, ha megértjük Isten szívét, és követjük az Ő akaratát.

Isten a saját képmására teremtette az embert, és Isten nélkül az ember nem tud élni. Isten nélkül az ember nem tudja világosan megérteni a saját eredetét sem. Csak akkor tudhatjuk meg, honnan ered az ember, ha már megtudtuk: ki Isten.

Olyan területre tartozik ez, amelyet nem érthetünk, csak az Isten segítségével, aki tudja az ember eredetét. Ez ugyanaz az érvelés, mint amikor a számítógép építőjéről állítjuk, hogy tudja a számítógép szerkezetére és elveire vonatkozó összes ismeretet, így az építő az, aki meg tud oldani minden gondot, mely összefügg a számítógép működésével. Ez a könyv tele van a negyedik dimenzióval kapcsolatos spirituális tudással, így világos válaszokat ad a szellem, a lélek és a test kérdéseire.

A megkülönböztető dolgok, amelyeket az olvasók megtanulhatnak ebből a könyvből a következők lehetnek:

1. A szellem, a lélek és a test spirituális megértésén keresztül, amelyek az embert alkotják, az olvasók belenézhetnek „magukba," és betekintést nyerhetnek az életbe magába.

2. Teljesen ráébredhetnek arra, hogy kik ők valójában, és milyen „énjük" van. Ez a könyv megmutatja az utat az olvasók számára, hogy térjenek öntudatra, mint Pál apostol mondja az 1 Korinthusi 15,31-ben: *„Naponta meghalok,"* és érjék el a szentséget, és váljanak a szellem embereivé, akire Isten vágyik.

3. El tudjuk kerülni, hogy az ellenséges ördög és a Sátán csapdájába essünk, és erőt gyűjthetünk, hogy legyőzzük a sötétséget, de csak úgy, hogy először megértjük: kik vagyunk mi magunk. Ahogy Jézus mondta: *„Ha azokat isteneknek mondá, a kikhez az Isten beszéde lőn (és az írás fel nem bontható),"* (János 10,35), ez a könyv bemutatja a rövid utat az olvasók számára, hogyan vegyenek részt az isteni természetében az Istennek, és kapják meg az összes áldást, amit Isten ígért.

Szellem, Lélek és Test I
Tartalomjegyzék

Előszó

A Szellem, Lélek és Test körüli utazás kezdete

Első rész A hús megalkotása

Első fejezet A hús fogalma 2
Második fejezet A teremtés 12
  1. A terek titokzatos szétválasztása
  2. Fizikai és spirituális tér
  3. Emberek szellemmel, lélekkel és testtel
Harmadik fejezet Emberek a fizikai térben 38
  1. Az élet magja
  2. Hogyan teremtődik az ember
  4. A hús munkája
  5. Művelés

Második rész A lélek megalakulása
(A lélek működése a fizikai térben)

Első fejezet A lélek megalkotása 86
  1. CA lélek meghatározása
  2. A lélek különböző működése a fizikai térben
  3. Sötétség

Második fejezet Saját magunk 128
Harmadik fejezet A hús dolgai 144
Negyedik fejezet Az élő szellem szintjén túl 162
Harmadik rész A szellem újjáépítése

Első fejezet Szellem és teljes szellem 176
Második fejezet Isten eredeti terve 200
Harmadik fejezet Igaz emberi lény 210
Negyedik fejezet Spirituális birodalom 226

 Szellem, Lélek és Test II
Tartalomjegyzék

Első Rész A spirituális birodalom kiterjedt területe

Első fejezet Sötétség és fény
Második fejezet Milyen tulajdonságok kellenek ahhoz,
hogy bemenjünk a fény terére

Második Rész Szellem, lélek és test a spirituális térben

Első fejezet Farklı Yaşam Alanları
Második fejezet Szellem, lélek és test a spirituális térben

Harmadik Rész Az emberi létezés korlátainak átlépése

Első fejezet Isten tere
Második fejezet Isten képe

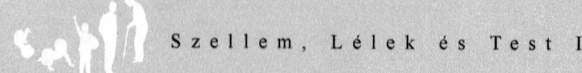 Szellem, Lélek és Test I

Első rész

A hús megalkotása

Mi az ember eredete?
Honnan jöttünk, és hová megyünk?

> Bizony te alkottad veséimet,
> te takargattál engem anyám méhében.
> Magasztallak, hogy csodálatosan
> megkülönböztettél.
> Csodálatosak a te cselekedeteid!
> és jól tudja ezt az én lelkem.
> Nem volt elrejtve előtted az én csontom,
> mikor titokban formáltattam és idomíttattam,
> [mintegy] a föld mélyében.
> Látták szemeid az én alaktalan testemet,
> és könyvedben ezek mind be voltak írva:
> a napok is, a melyeken formáltatni fognak;
> holott egy sem volt még meg közülök.
> - Zsoltárok 139,13-16

Első fejezet

A hús fogalma

Az emberi test, mely visszamegy egy marék porba az idő múlásával, az összes élelmiszer, amit az emberek megesznek, azok a dolgok, amelyeket az ember lát, hall és élvez, és minden, amit az ember létrehoz – mindezek a „hús" példái.

- Mi a hús?

- Az emberek érdemtelenek, értéktelenek, ha a húsban maradnak

- Az univerzum minden dolgának különböző a dimenziója

- A magasabb dimenziók alávetik az alacsonyabbakat, és ellenőrzik őket

A hús megalkotása

Az egész emberi történelem során az emberek megpróbálták megválaszolni a következő kérdést: „Mi az ember?" A válasz erre a kérdésre ugyanaz, mint a következőre adott válasz: „Mi célból élünk?" és „Hogyan kéne élni az életünket?" Tanulmányok, kutatások és elmélkedések az ember létezéséről széles körben megjelentek már a filozófia és a vallás területén, de nem könnyű megtalálni a világos és tömör választ.

Mindazonáltal, az emberek folyamatosan próbálják megtalálni a választ a kérdésekre, hogy „Milyen teremtmény az ember?" és a „Ki vagyok én?" kérdésre. Az ilyen kérdéseket azért teszik fel, mert a válasz kulcs lehet az emberi lét alapvető problémáinak a megoldására. A tanulmányok nem adnak egyértelmű választ ezekre a kérdésekre, de Isten igen. Megteremtette az univerzumot, és minden dolgot, köztük az embert is. Isten válasza a helyes válasz. Megtaláljuk a választ az ilyen kérdésekre a Bibliában, amely Isten Igéje.

A teoretikusok gyakran kategorizálják az ember részeit a „szellem" és a „test" kategóriákba, azaz két részre osztják. A mentális részbe tartozik a „lélek," míg a látható, fizikai aspektus a „test." A Biblia azonban az ember részeit három kategóriában

3

határozza meg: három részből áll: szellem, a lélek és a test.

Az 1 Tesszaloniki 5,23 ezt tartalmazza: "*Maga pedig a békességnek Istene szenteljen meg titeket mindenestől; és a ti egész valótok, mind lelketek, mind testetek feddhetetlenül őriztessék meg a mi Urunk Jézus Krisztus eljövetelére.*"
Szellem és lélek nem ugyanaz a dolog. Nem csak a nevük különbözik, de a lényegük is. Annak érdekében, hogy megértsük, mi az "ember," meg kell értenünk, hogy mi a test, lélek és a szellem.

Mi a hús?

Nézzük először a szótári definícióját a "húsnak." A Merriam-Webster szótár szerint: "egy állat lágy testrésze, különösen egy gerincesé, főképpen a vázizom részei, megkülönböztetve a belső szervektől, csonttól, és bőrtől." Az állat ehető részeire is utalhat. De, hogy megértsük, mit jelent a "test" kifejezés a Bibliában, meg kell értenünk a spirituális jelentését is, nem csak a szótári meghatározását.

A Biblia gyakran használja a "test" és a "hús" szavakat. A legtöbb esetben ezek a spirituális jelentésben jelennek meg. Szellemi értelemben, a hús olyan általános kifejezés, amely azokat a dolgokat jelenti, amelyek elpusztulnak, és végül eltűnnek az idő múlásával. Azokat a dolgokat is, amelyek mocskosok és tisztátalanok. Fák, amelyek zöld leveleket növesztenek, egy napon elszáradnak és meghalnak, és a végtagjaikból tűzifa válik. A fák, növények, és minden dolog a természetben elvész,

A hús megalkotása

lebomlik, és eltűnik az idő előrehaladtával. Ily módon ők mind húsból vannak.

Mi a helyzet az emberrel, minden teremtmény urával? Ma mintegy 7 milliárd ember él a világon. Még ebben a pillanatban is, csecsemők születnek a Földön, nagy számban, és egy másik helyen az emberek folyamatosan meghalnak. Amikor meghalnak, a testük visszamegy egy marék porba, így róluk is elmondható, hogy húsból vannak. Továbbá, az élelmiszer, melyet megeszünk, a nyelvek, amelyeket beszélünk, és amelyekkel gondolatokat fejezünk ki, valamint a tudományos és technológiai civilizáció, melyre az embereknek, az összes dolog az univerzumban, szükségünk van, mind „hús."

Az emberek, akik eltávolodtak Istentől, testi lények. Amit létrehoznak, az is „testi." Mit fejlesztenek ki, és mit keresnek a testi, húsbeli emberek? Céljuk a testi vágy, a szem vágya, és az élet kérkedő büszkesége. Még a civilizációk is, amelyeket az ember létrehozott, azért fejlődtek ki, hogy kielégítsék az ember öt érzékét. Az örömkeresést, és a testi kívánságok és vágyak teljesítését szolgálják. Az idő múlásával az emberek egyre inkább érzéki és provokatív dolgokat kerestek. Minél jobban fejlődik a civilizáció, annál bujábbakká és korruptabbakká válnak az emberek.

Bár létezik látható „test," van láthatatlan „test" is. A Biblia azt mondja: a gyűlölet, veszekedés, irigység, gyilkosság, házasságtörés, és minden természet, amely kapcsolódik a bűnhöz: a húst jelenti. Csakúgy, mint a virágok illata, a levegő és

5

a szél is létezik, mégis láthatatlan, ugyanígy vannak láthatatlan bűnös dolgok az emberek szívében is. Mindezek szintén a „húst" képviselik. Ezért, a hús olyan általános kifejezés, amely az összes dolgot képviseli az univerzumban, amely elvész és megromlik idővel, és minden valótlanságot, mint a bűn, gonoszság, igazságtalanság és törvénytelenség.

A Rómaiakhoz 8,8 ezt tartalmazza: „...*A kik pedig testben vannak, nem lehetnek kedvesek Isten előtt.*" Ha a „test" ebben a versben csupán az ember fizikai testére utal, az azt jelenti, nem létezik olyan emberi lény, amely valaha is kedves lehet Isten előtt. Így kell hogy legyen egy másik jelentése is.

Jézus ezt mondta János 3,6-ban: „*A mi testtől született, test az; és a mi Lélektől született, lélek az.*" És János 6,63-ban: „*A lélek az, a mi megelevenít, a test nem használ semmit: a beszédek, a melyeket én szólok néktek, lélek és élet.*" A „hús" azokra a dolgokra is utal is, amelyek megromlanak és eltűnnek, ezért mondta azt Jézus, hogy semmit sem ér.

Az ember értéktelen és haszontalan, ha a húsban marad

Ellentétben az állatokkal, az emberek bizonyos értékeket keresnek, az érzelmeik és gondolataik alapján. De ezek nem örök jellegűek, így ezek is mind testiek. Azok a dolgok, amelyeket az emberek értékesnek vélnek, mint a gazdagság, a hírnév, és a tudás: értelmetlen dolgok, amelyek hamarosan el fognak

A hús megalkotása

pusztulni. Mi van azzal a dologgal, amit „szeretetnek" hívunk? Amikor két ember egymással jár, lehet, hogy azt mondják, hogy nem tudnak élni egymás nélkül. De sokan az ilyen párok közül meggondolják magukat, miután összeházasodnak. Könnyen feldühödnek, és csalódottak, még erőszakosak is lesznek, csak azért, mert nem tetszik nekik valami. Mindezek a változások a húsban történnek. Ha az emberek megmaradnak a húsban, nem sokban különböznek az állatoktól és a növényektől. Isten szemében minden dolog csak hús, amely elpusztul és eltűnik.

1 Péter 1,24 ezt mondja: *„Mert minden test olyan, mint a fű, és az embernek minden dicsősége olyan, mint a fű virága. Megszárad a fű, és virága elhull,"* és Jakab 4,14 ezt mondja: *„A kik nem tudjátok mit hoz a holnap: mert micsoda a ti életetek? Bizony pára az, a mely rövid ideig látszik, azután pedig eltűnik."*

A test és a gondolatok, melyek az emberekben megszületnek, minden értelmetlen, mert eltért az Isten Igéjétől, aki a Szellem Maga. Salamon király élvezte a becsületet és pompát, melyet ember élvezhet ezen a földön, de rájött a hús értelmetlenségére és azt mondta: *„Felette nagy hiábavalóság, azt mondja a prédikátor; felette nagy hiábavalóság! Minden hiábavalóság! Micsoda haszna van az embernek minden ő munkájában, melylyel munkálkodik a nap alatt?"* (Prédikátor 1,2-3)

Az univerzum minden dolgának más a dimenziója

A dimenziót a fizikában vagy a matematikában három

7

koordináta közül az egyik határozza meg, mely a térbeli helyzetet meghatározza. Egy pont egy vonalon egy koordinátával rendelkezik, és egy dimenziós. Egy pont a síkon két koordinátával bír, ezért kétdimenziós. Ugyanúgy egy pont a térben három koordinátával bír, és háromdimenziós. A tér, amelyben élünk, egy háromdimenziós világ a fizika szempontjából. A fizika mélyebb értelmezésében az időt, mint a negyedik dimenziót tartják számon. Így értelmezzük a dimenziókat a tudományban.

A szellem, a lélek és a test tekintetében a fizikai dimenziót és a spirituális dimenziót különböztetjük meg. A fizikai dimenziót ismét kategóriába sorolhatjuk: a „dimenzió nélküli," és a „háromdimenziósba." Először is, a „dimenziómentes" kifejezés azokra a dolgokra vonatkozik, amelyekben nincs élet. A sziklák, talaj, a víz, és a fémek tartoznak ebbe a kategóriába. Minden élő dolog az első, a második, vagy a harmadik dimenziós kategóriákba tartozik.

Az első dimenzió a létező dolgokra utal, amelyek lélegzenek, de nem tudnak mozogni, azaz nincs funkcionális mobilitásuk. Ez a dimenzió tartalmazza a virágokat, füvet, fákat és egyéb növényeket. Van testük, de nem rendelkeznek lélekkel és szellemmel.

A második dimenzió olyan élő dolgokat tartalmaz, amelyek lélegzenek, képesek mozogni, és rendelkeznek testtel és lélekkel. Ezek olyan állatok, mint az oroszlán, a tehenek és a birkák, a madarak, halak és a rovarok. A kutyák képesek felismerni a gazdájukat, és megugatják az idegeneket, mert van lelkük.

A harmadik dimenzió magában foglalja azokat a dolgokat, amelyek lélegeznek, mozognak, van lelkük és szellemük, és a látható testükben vannak. Az emberi lényekre utal, akik minden teremtmény fölött uralkodnak. Ellentétben az állatokkal, az embereknek van szellemük. Ők képesek gondolkodni, és keresik Istent, és hisznek is Istenben.

Létezik a negyedik dimenzió is, amely láthatatlan a szemünknek. Ez a lelki dimenzió. Isten, aki a szellem, a mennyei seregek és az angyalok, kerubok mind ide tartoznak.

A magasabb dimenziók maguk alá rendelik és ellenőrzik az alacsonyabb rendű dimenziókat

A második dimenziós lények maguk alá rendelhetik az első vagy alacsonyabb dimenziójú dolgokat, és ellenőrizhetik őket. A harmadik dimenziós lények leigázhatják és az ellenőrzésük alatt tarthatják a második vagy alacsonyabb dimenziókban lévő lényeket. Az alacsonyabb dimenziójú lények nem képesek megérteni azokat a dimenziókat, amelyek magasabbak, mint a sajátjuk. Az első dimenziójú életformák nem értik a második dimenziót, és a második dimenziós életformák nem tudják megérteni a harmadik dimenziót. Tegyük fel, hogy egy bizonyos személy elvet egy bizonyos fajta vetőmagot a földbe, megöntözi, és ápolja azt. Amikor a vetőmag kikel, fa lesz belőle, és meghozza a gyümölcsét. Ez a mag nem érti, mit tett vele az ember. Amikor az emberek letapossák a férgeket, azok meghalnak, de nem tudják, hogy miért. A magasabb dimenziók leigázzák, és ellenőrzésük alatt tartják az alacsonyabb dimenziójú lényeket, de általában véve az alacsonyabb dimenziókban élőknek nincs más választása, mint hogy a magasabb dimenziók leigázzák őket.

Hasonlóképpen, az emberi lények, akik harmadik dimenziós lények, nem értik a spirituális birodalmat, amely a negyedik dimenziójú világban létezik. Szóval, az emberek, a hús lényei, valóban nem tehetnek semmit a démonok elnyomása és ellenőrzése ellen. Azonban, ha eldobják maguktól a fizikai dolgokat, és a szellem embereivé válnak, bemehetnek a négydimenziós világba. Így tudjuk legyőzni, és magunk alá vetni a gonosz szellemeket.

Isten, aki a szellem, azt szeretné, ha a gyermekei megértenék a negyedik dimenziós világot. Így meg tudják érteni Isten akaratát, engedelmeskedhetnek Neki, és életet nyerhetnek. A Genezis 1. fejezetében, mielőtt Ádám evett a jó és a gonosz tudásának fájáról, uralkodott minden fölött. Egykor Ádám egy élő lélek volt, és a negyedik dimenzióba tartozott. De miután vétkezett, a lelke meghalt. Nem csak Ádám maga, hanem az ő leszármazottai is, mind a harmadik dimenzióba tartoznak már. Akkor lássuk, hogy az emberek, akiket Isten teremtett, és akik visszaestek a harmadik dimenzióba, hogyan tudnak visszamenni a negyedik dimenziós világba!

Második fejezet
A teremtés

Isten, a Teremtő egy csodálatos tervet készített az ember művelésére. Elválasztotta a teret fizikai és spirituális térré, és megteremtette az eget és a földet, és minden dolgot, amely ezeken létezik.

1. A terek titokzatos szétválasztása

2. Fizikai és spirituális tér

3. Emberek szellemmel, lélekkel és testtel

A hús megalkotása

Az idő kezdete előtt Isten egyedül létezett az univerzumban. Úgy létezett, mint a Fény, és uralkodott minden fölött, mozogva az egész univerzum hatalmas terei között. Az 1 János 1,5 rögzíti, hogy Isten a Fény. Elsősorban a lelki fényre utal, de Istenre is, aki úgy létezett, mint a fény az elején. Senki sem adott életet Istennek. Ő a tökéletes lény, aki egyedül létezik. Ezért: ne próbáljuk megérteni Őt a korlátozott hatalmunkkal és tudásunkkal. János 1,1 tartalmazza a „kezdet" titkát. Azt mondja: „Kezdetben volt az Ige." Ez a magyarázata Isten formájának, amely az Ige volt, a titokzatos és legszebb fényekben, és uralkodott mindenütt a világegyetemben.

Itt a „kezdet" kifejezés valamilyen pontot jelent az örökkévalóság előtt, egy pontot, amelyet az emberek el sem tudnak képzelni. Ez még az előtt a „kezdet" előtt volt, amely a Mózes 1,1 előtt volt, ami a teremtés kezdete. Szóval, milyen dolgok történtek a világ létrehozása előtt?

13

1. A terek titokzatos szétválasztása

A spirituális birodalom nincs nagyon messze. A látható ég különböző pontján kapuk vannak, amelyek összeköttetésben vannak a spirituális birodalommal.

Miután nagyon hosszú idő eltelt, Isten azt akarta, hogy legyen valaki, akivel megoszthatná az Ő szeretetét, és az összes többi dolgot is. Isten egyszerre isteni és emberi, és ezért mindent meg akar osztani, amije van, ahelyett, hogy egyedül élvezné őket. Erre gondolva megalkotta az ember kiművelésének tervét.

Ez egy olyan terv, amellyel embereket hoz létre, megáldja őket, hogy növekedjenek és szaporodjanak, és olyan lelkeket nyerjen, amelyek hasonlítanak Istenre, és összegyűjti azokat a mennyeknek országába. Ahogy a gazdálkodók művelik a növényeket, összegyűjtik azokat, aztán az aratás idején a raktárba rakják őket.

Isten tudta, hogy kell lennie egy spirituális helynek, ahol Ő lakik, és egy fizikai térnek, ahol az emberi művelést fogják végrehajtani. Szétválasztotta a hatalmas univerzumot a szellemi és a fizikai birodalomra. Ettől kezdve Isten a Szentháromság képében létezett, amely az Isten, az Atya, Isten, a Fiú, és Isten, mint a Szentlélek. Az emberi művelésre, amely a jövőben lesz majd, szükség lesz Jézusra, a Szabadítóra, és a Szentlélekre is, a Segítőre.

A Jelenések 22,13 ezt tartalmazza: „*Én vagyok az Alfa és az*

A hús megalkotása

Omega, az első és az utolsó, a kezdet és a vég." Ez lejegyzés a Szentháromságról. Az „Alfa és az Omega" az Istenről szól, az Atyáról, aki a kezdet és a vég, az összes tudást képviseli, és az emberi lényeket. „Az első és az utolsó" Isten Fiára, Jézusra utal, aki az első és az utolsó az ember üdvösségéből. „A kezdet és a vég" a Szentlélekre utal, aki a kezdet és a vég az emberi művelésben.

Jézus, a Fiú elvégzi a Megmentő munkáját. A Szentlélek arról tanúskodik, hogy ő segítője a Szabadítónak, és ő befejezi az emberi megváltást. A Biblia kifejezi a Szentlelket különböző módokon, összehasonlítva őt egy galambbal vagy a tűzzel, és az „Istenfai lelkének" is nevezi. A Galateák 4,6 ezt mondja: *„Minthogy pedig fiak vagytok, kibocsátotta az Isten az ő Fiának Lelkét a ti szíveitekbe, ki ezt kiáltja: Abba, Atya!"* Továbbá, János 15,26 ezt mondja: *„Mikor pedig eljő majd a Vígasztaló, a kit én küldök néktek az Atyától, az igazságnak Lelke, a ki az Atyától származik, az tesz majd én rólam bizonyságot."*

Isten, aki az Atya, a Fiú és a Szentlélek egyedi formákat vett fel, hogy beteljesítse a gondviselést az emberi művelést illetően. Ez látható a Genezis 1. fejezetben, mely a teremtés leírása.

Amikor Mózes 1,26 azt mondja: *„És monda Isten: Teremtsünk embert a mi képünkre és hasonlatosságunkra; és uralkodjék a tenger halain, az ég madarain, a barmokon, mind az egész földön, és a földön csúszó-mászó mindenféle állatokon,"* ez nem azt jelenti, hogy az ember csak külsőre

15

hasonlít Istenre, aki az Atya, a Fiú és a Szentlélek. Ez azt jelenti, hogy a szellem, amely az emberek alaptulajdonsága, Istentől származik, és a szellem is a hasonlít a szent Istenre.

Fizikai és spirituális birodalom

Amikor Isten egyedül létezett, nem kellett különbséget tennie a fizikai világ, és a spirituális birodalom között. De az emberi tanítás és művelés miatt kellett lennie egy fizikai birodalomnak, ahol az emberi lények élhetnek. Emiatt Ő elkülönítette a fizikai világot a lelki birodalomtól.

Azonban a fizikai és a spirituális birodalom kettéválasztása nem jelentette azt, hogy két teljesen különálló tér létezett, mint amikor kettévágunk valamit. Tegyük fel, hogy két féle gáz van egy szobában. Hozzáadunk egy bizonyos kémiai elemet, aminek következtében a gázok egyike pirosnak tűnik, ezáltal megkülönböztethető a többi gáztól. Bár lehet, hogy két gáz van a szobában, a szemünk csak azt a gázt fogja észlelni, amely úgy tűnik, hogy piros. Annak ellenére, hogy a másik gáz nem látható, természetesen szintén ott van.

Hasonlóképpen, Isten elválasztotta a hatalmas spirituális teret a látható fizikai birodalomra és a láthatatlan szellemi birodalomra. Természetesen a fizikai birodalom és a szellemi birodalom nem úgy létezik, mint a kétféle gáz a példában. Úgy tűnik, különállóak, de átfedik egymást. És, bár úgy tűnik, hogy átfedik egymást, mégis külön-külön léteznek.

A hús megalkotása

Bizonyítékként arra, hogy a fizikai és a lelki birodalom különkülön létezik titokzatos módon, Isten átjárókat helyezett el a spirituális birodalomban, különböző helyeken az univerzumban. A spirituális birodalom nem valahol nagyon messze van. Átjárók vannak a spirituális birodalomba, sok helyen a látható égen. Ha Isten megnyitja a lelki szemeinket, egyes esetekben beláthatnánk a lelki birodalomba az átjárókon keresztül.

Amikor István tele volt a Szentlélekkel, és látta Jézust az Isten jobbján, ez azért volt, mert mind a lelki szeme, mind az átjáró a lelki birodalomba nyitva volt (Csel 7,55-56). Illés élve került a mennybe. A feltámadott Úr Jézus fölment a mennybe. Mózes és Illés megjelent a Színeváltozás Hegyén. Meg tudjuk érteni, hogy ezek az események tényleges események, ha elismerjük azt a tényt, hogy vannak átjárók a spirituális birodalomba.

Az univerzum mérhetetlenül nagy, és végtelen a kiterjedése. Az a rész, amely a földről látható, (a megfigyelhető univerzum) egy gömb, melynek a sugara körülbelül 46 milliárd fényév.[1] Ha a spirituális birodalom létezik a fizikai univerzum után, még a leggyorsabb űrhajóval is végtelen időre lenne szükség ahhoz, hogy a spirituális birodalomba eljussunk. El tudod képzelni a

---

[1] Lineweaver, Charles; Tamara M. Davis (2005). „Félreértések a nagy bummról" („Misconceptions about the Big Bang"). Scientific American. 2007-03-05.

távolságot, melyet az angyaloknak kellene beutazni ahhoz, hogy a szellemi birodalom és a fizikai világ között mozoghassanak?

Mivel ezek az átjárók a spirituális birodalomba léteznek, és vannak kapuik, amelyeket be lehet zárni, illetve ki lehet nyitni, az emberek nagyon könnyedén utazhatnak a spirituális és fizikai birodalmak között.

Isten négy Mennyországot alkotott

Miután Isten elválasztotta a világegyetemet a szellemi és a fizikai birodalomra, további mennyekre osztotta ezeket, az igényeknek megfelelően. A Biblia megemlíti, hogy nem csak egy, hanem több mennyország létezik. Konkrétan azt mondja, hogy sok más mennyország is van amellett, amelyet a fizikai szemünkkel láthatunk.

5 Mózes 10,14 így szól: *„Ímé az Úréi, a te Istenedéi az egek, és az egeknek egei, a föld, és minden, a mi rajta van!"* és a 68,33. Zsoltár ezt tartalmazza: *„A ki kezdettől fogva az egek egein ül; ímé, [onnét] szól nagy kemény szóval."* És Salamon király ezt mondta az 1 Királyok 8,27-ben: *„Vajjon gondolható-é, hogy lakozhatnék az Isten a földön? Ímé az ég, és az egeknek egei be nem foghatnak téged; mennyivel kevésbbé e ház, a melyet én építettem."*

Isten a „mennyország" kifejezést a lelki birodalomra használta, hogy így könnyebben megérthessük a tereket, melyek a szellemi birodalomban vannak. A „mennyország" általában négy részre osztható. A teljes fizikai tér, beleértve a Földet, a Naprendszert,

A hús megalkotása

a galaxisunkat és az egész univerzumot, az első mennyországot képezi.

A második mennyországtól kezdve kezdődnek a spirituális terek. Az Édenkert és a gonosz szellemek tere a második mennyországban van. Miután Isten megteremtette az embert, Ő megteremtette az Édenkertet is, amely a második mennyországban a fény területe. Isten bevitte az embert a kertbe, és megengedte neki, hogy mindent leigázzon, és mindenek fölött uralkodjon (Mózes 2,15).

Az Isten trónja a harmadik mennyben található. Ez a mennyország királysága, ahol Isten azon gyerekei vannak, akik az emberi művelés során üdvösséget nyertek.

A negyedik mennyország az eredeti mennyország, ahol Isten egykor létezett önmagában, mint fény, mielőtt elválasztotta a teret. Ez egy titokzatos hely, ahol minden teljesül, ahogy Isten is elraktároz bármit is, ami az agyban lehet. Egy olyan terület, amely túl van bármilyen korláton, amely a térre és időre vonatkozik.

2. Fizikai és spirituális tér

Mi az oka annak, hogy oly sok bibliát kutató tudós próbálta megtalálni az Édenkertet, de nem sikerült? Ez azért van, mert az Édenkert nem a második mennyben található, amely egy lelki birodalom.

A tér, amelyet Isten elválasztott, a fizikai térre és a spirituális térre osztható. A gyermekei számára, akiket az emberi művelés során kap, Isten megalkotta a mennyek birodalmát a harmadik mennyországban, és a Földet az első mennyországban helyezte el, hogy ez legyen az ember művelésének a helye.

A Genezis 1. fejezete röviden rögzíti a folyamatot, amelyben Isten hat nap alatt végrehajtja a teremtést. Isten nem teremtett egy teljes és tökéletes Földet az elejétől kezdve. Először megalapozta a földet, majd az eget a kéregmozgások által, és számos más meteorológiai jelenséget. Isten sok erőfeszítést tett, néha még a Földre is lejött személyesen, hogy megnézze: hogyan mentek a dolgok a Földön, mert ez volt a hely, ahol összegyűjtötte az Ő szeretteit, Isten valódi gyerekeit.

A magzatok biztonságban növekednek a magzatvízben, az anyaméhben. Hasonlóképpen, miután a Föld kialakult, és az alapot lerakták, az egész Földet beborította a hatalmas mennyiségű víz, és ez a víz volt az élet vize, mely a harmadik mennyországból származott. A föld végre készen állt, hogy az összes élőlény alapját, földjét képezze, mivel az élet vize elborította. Aztán Isten elkezdte a teremtést.

A fizikai tér, az emberi művelés földje

Amikor Isten így szólt: „Legyen világosság!" a teremtés első napján, spirituális fény tört elő, mely az Isten trónjából származott, és befedte a Földet. Ezzel a fénnyel Isten örök hatalma és isteni természete beágyazódott minden dologba, és minden dolgot a természet törvényei vezérelnek (A rómaiakhoz írt levél 1,20). Isten elválasztotta a világosságot a sötétségtől, és a fényt „nappalnak" és a sötétséget „éjszakának" nevezte. Isten megalkotta a törvényt, hogy lesz éjjel meg nappal, és időáramlás, még mielőtt megteremtette a napot és a holdat.

A második napon, Isten megalkotta a mindenséget, és hagyta, hogy elválassza egymástól a vizeket, amelyek ellepték a földet a mélyben rejlő, és a föld feletti részekre. Isten ezt a mindenséget a mennyországnak nevezte, ami látható a szemünkkel, ez az ég. Most, az alapvető környezetet alkotta meg, amely az összes élő dolgot támogatja. A levegőt is megalkotta, amelyet az élőlények belélegezhetnek, a felhők és az ég is megteremtődött, ahol a meteorológiai jelenségekre kerülhet sor.

A mindenség alatt lévő vizek azok, amelyek a föld felszínén vannak. Ez a forrása a vizeknek, melyek az óceánok, tengerek, tavak és folyók medrében található (Mózes 1,9-10).

A mindenség fölötti vizeket fenntartották a második mennyországbeli Édenkert részére. A harmadik napon Isten a mindenség alatti vizeket összehozta, hogy elválassza az óceánokat a földtől. A mindenség fölötti vizeket Isten feltartotta a második mennyországbeli Édenkert részére. A füveket és a zöldségeket is megteremtette.

A negyedik napon Isten megteremtette a napot, a holdat és a csillagokat, és hagyta, hogy szabályozzák a nappalt és az éjszakát. Az ötödik napon megteremtette a halakat és madarakat. Végül, a hatodik napon megteremtette Isten az állatokat és az embereket.

A láthatatlan spirituális tér

Az Édenkert a szellemi birodalomban van, a második mennyországban, de eltér a spirituális birodalomtól, mely a harmadik mennyországban van. Nem teljesen spirituális, hiszen együtt létezik a fizikai dimenzióval. Egyszerűen fogalmazva, olyan, mint egy közbenső rész test és szellem között. Miután Isten megteremtette az embert, mint egy élő szellemet, Ő elhelyezte a kertet keleten, az Édenkertben, és behozta az embert az Édenkertbe (Mózes 2,8).

Itt, a „kelet" nem a fizikai keletre utal. Speciális jelentése: „egy terület, melyet körbevesznek a fények." A mai napig sok bibliai tudós gondolja azt, hogy az Édenkert valahol az Eufrátesz és a Tigris folyók közelében volt, és bár kiterjedt kutatást végeztek, és számos régészeti keresést lebonyolítottak, még nem sikerült

A hús megalkotása

megtalálni a nyomát az Édenkertnek. Ennek oka, hogy a kert, ahol az „élő szellem," Ádám élt, a második mennyben van, amely egy lelki birodalom.

Az Édenkert egy hatalmas kert, mely túl van minden képzeleten. A gyerekek, akiket Ádám nemzett, mielőtt a bűn jutalékát megkapta, még mindig ott élnek, folyamatosan életet adva több és több gyermeknek.

De Mózes 3,24-ben azt olvashatjuk, hogy Isten kerubokat és lángoló kardot helyezett el, amely minden irányba megfordult az Édenkert keleti részén. Ennek oka az, hogy keletre az Édenkert szomszédos a sötétség földjével. A gonosz szellemek mindig is szerettek volna bejutni az Édenkertbe, több okból is. Először is, azt akarták, hogy kísértésbe hozzák Ádámot, másrészt meg akarták szerezni az élet fájának a gyümölcsét. Azt akarták, hogy örök életet nyerjenek azzal, hogy az élet fájának gyümölcsét megeszik, és örökre Isten ellen akartak állni. Ádámnak volt a kötelessége, hogy megvédje az Édenkertet a sötétség erőitől. De mivel a Sátán Ádámot megtévesztette, evett a jó és a rossz tudásának a fájáról, és kivezették a földre, a kerubok és a lángoló kard között, hogy átvegye a kötelességét.

Ki lehet következtetni, hogy a terület, ahol az Édenkert található, és a gonosz szellemek területe egymás mellett létezik, a második mennyben. Továbbá, a második mennyország fényes területén van egy hely, ahol a hívők majd a hétéves Esküvői

23

bankettet ülik az Úrral, annak második eljövetele után. Sokkal szebb, mint az Édenkert. Mindazok, akik már a világ létrehozása óta üdvözültek, részt fognak venni, és el lehet képzelni, milyen nagy terület lesz ez.

Van még a harmadik és a negyedik mennyország, és további részleteket fogok róluk kifejteni a második kötetben, a Szellem, Lélek és Test-ben. Az ok, amiért Isten felosztotta a fizikai és a spirituális teret különböző terekre, végül is mi vagyunk, emberek. Ez a Gondviselés miatt történt, hogy igaz gyerekeket nyerjen ezzel Isten. Most nézzük meg, miből és hogyan áll össze az ember?

3. Emberek szellemmel, lélekkel és testtel

Az emberiség története, ahogy feljegyezték a Bibliában, akkor kezdődött, amikor Ádámot kivezették a földről a bűne miatt. Ez a történet nem tartalmazza azt az időt, amely alatt Ádám az Édenkertben élt.

1) Ádám, egy élő szellem

Ha megértettük Ádámot, az első embert, akkor ez azt jelenti, hogy az ember alapjait is értjük már. Isten élő szellemként megteremtette Ádámot, hogy az emberiség művelését általa megvalósíthassa. A Genezis 2,7 megmagyarázza Ádám teremtését: *„És formálta vala az Úr Isten az embert a földnek porából, és lehellett vala az ő orrába életnek lehelletét. Így lőn az ember élő lélekké."* Isten Ádámot a föld porából teremtette. Ez azért történt, hogy az emberek átmenjenek a földi művelésen (Genezis 3,23).

Azért is, mert a föld, amely a por maga, úgy változtatja meg a jellegét, ahogy a különböző elemeket hozzáadjuk.

Isten nem csak az ember külalakját alakította ki a föld porával, hanem a belső szerveit is, a csontjait, vénáit és idegeit is. Egy jó fazekas nagyszerű porcelánt készítene egy marék agyagból. Mivel Isten az embert a saját formájára alkotta meg, milyen szép lehetett az ember!

Ádámot tiszta, tejfehér bőrrel teremtette meg Isten. Mokány

termetű volt, és a teste tökéletes volt a fejétől a lábujjáig, mint ahogy az összes szerve is az volt, a testének az összes sejtjével együtt. Szép volt. Amikor Isten belelehelte az élet leheletét, élőlénnyé vált, amely egy élő lélek volt. A folyamat hasonlít egy jól összerakott lámpa izzójához, amely önmagában még nem tud fényt adni. Csak akkor tud ragyogni, ha van hozzá elektromosság. Ádám szíve elkezdett verni, a vére keringett, és a szervei és sejtjei elkezdtek működni, de csak miután megkapta az élet leheletét Istentől. Az agya elkezdett működni, a szemei láttak, és a teste kedvére működött közvetlenül az után, hogy megkapta az élet leheletét.

Az élet lehelete Isten hatalmának a kristálya. Isten energiájának is hívhatjuk. Alapvetően az energia a forrás ahhoz, hogy az életet folytatni tudjuk. Miután Isten az életet belehelte Ádámba, Ádám lelke pont úgy nézett ki, mint a teste. Ahogy Ádám fizikai testének volt egy formája, a lelke is felvette ugyanazt az alakot, mint a teste. A lélek alakjáról több részletet feltárok a második kötetben majd.

Ádám teste, aki most egy élő szellem volt, örök húsból és csontokból állt. A testben volt a lélek, mely kommunikált Istennel, és a lélek támogatta a szellemet. A test és a lélek engedelmeskedett a szellemnek, és ily módon ő betartotta Isten szavát, és kommunikált Istennel, aki a szellem.

Bár amikor Ádámot Isten megteremtette, egy teljesen kifejlett felnőtt testével rendelkezett, ennek ellenére, egyáltalán nem volt tudása. Ahogy egy gyerek csak az oktatáson keresztül

A hús megalkotása

tehet a megfelelő karakterre szert, és játszhat produktív részt a társadalomban, mivel hogy először megfelelő ismeretekkel kell bírnia. Szóval, miután bevezette az Édenkertbe, Isten megtanította Ádámot az igazság és a szellem tudományára. Isten megtanította neki minden dolog harmóniáját a világegyetemben, a szellemi birodalom törvényeire, az igazság szavára, és Isten korlátlan ismeretére. Ezért tudta Ádám legyőzni a földet, és tudott uralkodni minden fölött.

Kiszámíthatatlan az élet időtartama

Ádám, az élő szellem, mindenek fölött uralkodott, az Édenkerten és az élőlényeken, mivel a szellem tudása és bölcsessége megvolt benne. Isten azt gondolta, hogy nem jó neki, ha egyedül van, ezért megalkotta Évát, a nőt, Ádám bordájából. Isten úgy alkotta meg Évát, hogy megfelelő segítője legyen Ádámnak, és megengedte, hogy egy test legyenek. A kérdés az, mennyi ideig éltek az Édenkertben?

A Biblia nem ad meg egy bizonyos számot, azonban elképzelhetetlenül hosszú ideig éltek itt. A Genezis 3,16-ban azt találjuk, hogy *„Az asszonynak monda: Felette igen megsokasítom viselősséged fájdalmait, fájdalommal szűlsz magzatokat; és epekedel a te férjed után, ő pedig uralkodik te rajtad."*

A bűn eredményeként, amelyet Éva elkövetett, megátkozta őt Isten, és ez a gyerekszülés nagy fájdalmában nyilvánul meg.

Más szavakkal, mielőtt megátkozták, gyermekeket szült az Édenkertben, de csak minimális fájdalommal járt a szülése. Ádám és Éva élő szellemek voltak, akik nem öregedtek meg. Így éltek hosszú-hosszú ideig, egyre csak szaporodva.

Sokan azt hiszik, Ádám hamarosan az után evett a jó és gonosz tudásának fájáról, ahogy megteremtette őt Isten. Néhányan még a következő kérdést is felteszik: „Mivel az emberiség története, melyet feljegyeztek a Bibliában csak mintegy 6000 éves, akkor hogyan lehet az, hogy olyan fosszíliákat találunk, melyek több százezer évesek?"

Az emberiség története, ahogy azt feljegyezték a Bibliában, akkor vette kezdetét, amikor Ádámot kivezették a földre, miután elkövette a bűnöket. Nem tartalmazza azt az időszakot, amikor az Édenkertben élt. Miközben Ádám az Édenkertben élt, a Föld sok változáson ment keresztül, mint a kéregmozgások és a kapcsolódó földrajzi változások, valamint a különböző élőlények növekedése és változása. Némelyikük megkövesedett, és kövületté vált. A fosszíliák többmillió évesek.

2) Ádám bűnöket követett el

Amikor Isten beengedte Ádámot az Édenkertbe, egy dolgot megtiltott neki. Azt mondta Ádámnak, hogy ne egyen a jó és a rossz tudásának a fájáról. Azonban, miután hosszú idő eltelt, Éva végül evett a fáról. Kivezették őket az Édenkertből a földre, és innentől kezdve beszélünk az emberiség művelésének történetéről.

Hogyan követte el Ádám a bűnt? Volt egy lény, egy teremtmény, amely Ádám után következett a hatalom tekintetében, mely Istentől származott. Ez Lucifer volt, minden gonosz szellem feje. Lucifer azt hitte, hogy el kellett vennie a tekintélyt Ádámtól, hogy Isten ellen állhasson, és megnyerje a versenyt. Egy bonyolult tervet készített, és egy kígyót is felhasznált, ami ravasz volt.

Ahogy a Genezis 3,1-ben látjuk: *„A kígyó pedig ravaszabb vala minden mezei vadnál, melyet az Úr Isten teremtett vala,"* a kígyó olyan agyagból készült, amelynek ravasz tulajdonsága volt.

Ezért nagyobb volt a lehetősége annak, hogy a ravaszságot elfogadja, mint egy másik állat esetében. A gonosz szellemek gyullasztották lángra a rossz tulajdonságait, és így a kígyó az ő eszközük lett, amellyel az embert megkísértették.

A gonosz szellemek mindig megkísértik az embereket

Ádámnak abban az időben nagyon nagy hatalma volt mind az Édenkert, mind a föld felett, és a kígyónak nem volt könnyű megkísérteni őt közvetlenül. Ezért választotta azt, hogy Évát kísértse meg először. A kígyó ravaszul megkérdezte őt: *„Csakugyan azt mondta az Isten, hogy a kertnek egy fájáról se egyetek?"* (1. vers) Isten soha nem parancsolt meg semmit

Évának. Csak Ádámnak adott parancsot. A kígyó úgy kérdezett, mintha a parancsot direkt Évának adta volna Isten. Éva válasza így szólt: *"És monda az asszony a kígyónak: A kert fáinak gyümölcséből ehetünk; De annak a fának gyümölcséből, mely a kertnek közepette van, azt mondá Isten: abból ne egyetek, azt meg se illessétek, hogy meg ne haljatok"* (Genezis 3,2-3).

Isten ezt mondta: *"De a jó és gonosz tudásának fájáról, arról ne egyél; mert a mely napon ejéndel arról, bizony meghalsz"* (Genezis 2,17). Azonban Éva ezt mondta: „vagy meghalsz." Azt gondolhatod, hogy csak nagyon finom különbség van, de nem tartotta be Isten szavát. Annak a kifejezése is, hogy nem hitt alaposan és mélyen Istenben. Mivel a kígyó azt látta, hogy Éva megváltoztatja a Biblia szavát, egyre jobban megkísértette.

A Genezis 3,4-5 ezt tartalmazza: *"És monda a kígyó az asszonynak: Bizony nem haltok meg; Hanem tudja az Isten, hogy a mely napon ejéndetek abból, megnyilatkoznak a ti szemeitek, és olyanok lésztek mint az Isten: jónak és gonosznak tudói."*

Mivel a Sátán arra bujtotta a kígyót, hogy Éva agyába elhelyezze a vágyat, a jó és a rossz tudásának a fája különbözőnek tűnt neki, mivel ezt olvassuk: *"...És látá az asszony, hogy jó az a fa eledelre s hogy kedves a szemnek, és kivánatos az a fa a bölcseségért:"* (6. vers).

Évának soha nem volt szándékában Isten szava ellen állni, de amint a kívánság megfogant, evett a fáról. Adott a gyümölcsből Ádámnak is, a férjének, aki meg is ette azt.

Kifogások Ádám és Éva részéről

A Genezis 3,11-ben Isten megkérdezte Ádámtól: *"Ki mondá néked, hogy mezítelen vagy? Avagy talán ettél a fáról, melytől tiltottalak, hogy arról ne egyél?"* Isten ismerte az összes helyzetet, de azt akarta, hogy Ádám elismerje a hibáját, és bűnbánatot tartson. Azonban Ádám ezt felelte: *"Az asszony, a kit mellém adtál vala, ő ada nékem arról a fáról, úgy evém"* (12. vers). Ádám arra utal, hogy ha Isten nem adott volna neki asszonyt, nem tett volna ilyent. Ahelyett, hogy elismerte volna a rossz cselekedetét, csak meg akart szabadulni a helyzet következményeitől. Természetesen Éva volt az, aki adott Ádámnak a gyümölcsből, hogy megegye. Azonban Ádám a nőnek a vezetője volt, és felelősséget kellett volna vállalnia azért, ami történt.

Most Isten megkérdezte a nőt a Genezis 3,13-ban: *"Mit cselekedtél?"* Még ha vállalta volna is a felelősséget Ádám, Évát akkor sem lehetne felmenteni a bűnei alól. Ő is kibújt a felelősség alól, mert a kígyóra ruházta azt, mondván: *"A kígyó ámított el engem, úgy evém."* És mi történt Ádámmal és Évával, akik elkövették ezt a bűnt?

Ádám lelke meghalt

A Genezis 2,17 ezt tartalmazza: *"…De a jó és gonosz tudásának fájáról, arról ne egyél; mert a mely napon ejéndel arról, bizony meghalsz."*

Itt a „meghalsz" nem a fizikai halálra vonatkozik, hanem a spirituálisra. Ha valaki szelleme meghal, nem azt jelenti, hogy eltűnik örökre, és teljesen. Sokkal inkább azt jelenti, hogy az Istennel való kommunikáció megszakad, és már nem működik. A szellem még létezik, de nem táplálhatják többé az Istentől érkező spirituális dolgok. Ez a helyzet nem különbözik a meghalástól.

Mivel Ádám és Éva szelleme meghalt, Isten nem engedhette, hogy továbbra az Édenkertben maradjanak, mert ez a spirituális birodalomban volt. A Genezis 3,22-23 ezt tartalmazza: *„És monda az Úr Isten: Ímé az ember olyanná lett, mint mi közűlünk egy, jót és gonoszt tudván. Most tehát, hogy ki ne nyújtsa kezét, hogy szakaszszon az élet fájáról is, hogy egyék, s örökké éljen: Kiküldé őt az Úr Isten az Éden kertjéből, hogy mívelje a földet, a melyből vétetett vala."*

Isten ezt mondta: „íme, az ember olyanná lett, mint közülünk egy," ez nem jelenti azt, hogy Ádám valóban olyan lett, mint Isten. Azt jelenti, hogy Ádám csak az igazságot ismerte, de ahogy Isten tudja az igazságot és a hazugságot is, Ádámnak is meg kellett ez utóbbit ismernie. Ennek eredményeképpen Ádám, aki egykor egy élő szellem volt, visszatért a húsba. Szembe kellett néznie a halállal. Vissza kellett térni erre a földre, ahol őt megteremtette Isten. Egy húsbeli ember nem élhet spirituális helyen. Továbbá, ha Ádám az élet fájáról evett volna, örök élete lenne. Ezért Isten nem engedhette, hogy továbbra is az Édenkertben maradjon.

3) Visszatérés a fizikai térbe

Miután Ádám ellenszegült Istennek, és evett a jó és a rossz tudásának a fájáról, minden megváltozott. Kivezették a földről, a fizikai helyről, és csak keserves iga által tud termést aratni, izzadságos munka által. Minden átok alatt volt, és Isten teremtésének idején a jó környezet már nem létezett.

A Genezis 3,17 így szól: *"Az embernek pedig monda: Mivelhogy hallgattál a te feleséged szavára, és ettél arról a fáról, a melyről azt parancsoltam, hogy ne egyél arról: Átkozott legyen a föld te miattad, fáradságos munkával élj belőle életednek minden napjaiban."* Ettől a verstől kezdve láthatjuk, hogy Ádám bűnének következtében nem csak Ádám, hanem minden a földön, azaz a teljes első mennyország elátkozott lett. Minden gyönyörű harmóniában volt a földön, de a fizikai törvény más rendje teremtődött meg. Az átok következtében bacilusok és vírusok jelentek meg, és az állatok és növények elkezdtek megváltozni.

A Genezis 3,18-ban Isten ezt mondja Ádámnak: *"Töviset és bogácskórót teremjen tenéked."* A termés nem tud beérni a tövisek és bozótok miatt, ezért Ádám a föld termését csak fájdalmas iga árán ehette meg. Mivel a föld átkozott volt, fölösleges és káros fák és növények lepték el. Káros rovarok jelentek meg. El kellett távolítania ezeket a káros dolgokat, hogy a földet megművelhesse, és jó földdé alakíthassa.

A szív művelésének szükséglete

Mivel Ádámnak meg kellett művelnie a földet, hasonló helyzet teremtődött az ember számára is, hiszen most át kellett mennie a kiművelés különböző fokozatain a földön. Mielőtt az ember bűnözött, tiszta és hibátlan szívvel bírt, amely csak a szellemet ismerte. A Genezis 3,23 ezt tartalmazza: „... *Kiküldé őt az Úr Isten az Éden kertjéből, hogy mívelje a földet, a melyből vétetett vala.*" Ez a bibliai részlet összehasonlítja Ádámot, aki a föld porából teremtődött, a földdel, amelyből vétetett. Azt jelentette, hogy művelnie kellett a szívét.

Mielőtt a bűnöket elkövette, nem kellett a szívét művelnie, mivel nem volt gonoszság a szívében.

Az engedetlensége miatt, az ellenséges ördög és a Sátán elkezdték ellenőrizni az embert. Egyre több húsbeli dolgot helyeztek az ember szívébe. Elültették a gyűlöletet, dühöt, arroganciát, házasságszédelgést, és a többi hasonló dolgot a szívébe. Az emberiség egyre foltosabb lett a húsbeli dolgoktól.

A „mívelje a földet, a melyből vétetett vala" azt jelenti, hogy el kell fogadnunk Jézus Krisztust, az Isten Szavát kell hogy használjuk, hogy levetkőzhessük a húst, mely a szívünkben elterjedt, és vissza kell szereznünk a spirituális állapotot. Különben azt jelenti, hogy a lelkünk „halott," és nem élvezhetjük az örök életet. Azért művelnek bennünket ezen a földön, hogy a húsbeli szívünk visszaszerezhesse a tiszta, spirituális szívet, amely elveszett. Ez az a szív, amellyel Ádám rendelkezett, mielőtt

A hús megalkotása

elesett.

Ádám számára nagyon drasztikus változás volt, amikor kivezették az Édenkertből, és bevezették a földre, hogy itt éljen. Nagyobb fájdalom és zavarodottság volt a számára, mint egy nagy herceg számára lett volna az, ha hirtelen parasztá változott volna. Évának mostantól sokkal nagyobb fájdalmat kellett elviselni a gyerekszülés során.

Amikor az Édenkertben éltek, nem volt halál. Azonban most szembe kellett hogy nézzenek a halállal ebben a fizikai létben, a földön, amely el fog romlani és tűnni. A Genezis 3,19 ezt tartalmazza: „*Orczád verítékével egyed a te kenyeredet, míglen visszatérsz a földbe, mert abból vétettél: mert por vagy te s ismét porrá leszesz.*" Ahogy látjuk, meg kellett halniuk ez után. Természetesen Ádám szelleme Istentől jött, és soha nem válhat kihalttá teljesen. A Genezis 2,7 ezt tartalmazza: „*És formálta vala az Úr Isten az embert a földnek porából, és lehellett vala az ő orrába életnek lehelletét. Így lőn az ember élő lélekké.*" Az élet lehelete Isten örök tulajdonságával bír.

Azonban Ádám szelleme nem volt többé aktív. Tehát a lélek átvette az ember irányítójának a szerepét, és hatalmat nyert a test fölött. Ettől kezdve, a fizikai világ rendjének értelmében Ádámnak meg kellett öregednie, végül meg kellett halnia, hogy visszatérhessen a földbe.

Abban az időben, bár a föld átkozott volt, a bűn és a gonoszság nem volt annyira elterjedt, mint manapság, így Ádám

35

930 éves koráig élt (Genezis 5,5).

Azonban, ahogy az idő telt, az emberek egyre gonoszabbá váltak. Ennek eredményeképpen az élettartamuk megrövidült. Miután lejöttek a földre az Édenkertből, Ádámnak és Évának alkalmazkodnia kellett az új környezethez. Mindenekfölött, úgy kellett hogy éljenek, mint a hús embereinek, nem mint élő szellemeknek. Elfáradtak a munka után, így pihenniük kellett. Betegségeket kaptak el, és pihenniük kellett. Az emésztésük megváltozott, mivel az étkezésük megváltozott. Evés után bélmozgásuk volt. Minden megváltozott. Ádám engedetlensége egyáltalán nem volt csekély. Azt jelenti, hogy a bűn a teljes emberiséget elérte. Ádám és Éva, és az összes leszármazottjuk a földön halott szellemmel kezdte a fizikai életét.

Fakat zamanla insanlar daha fazla kötüleştiler. Bunun sonucunda yaşam süreleri azaldı. Aden Bahçesi'nden yeryüzüne atıldıktan sonra Âdem ve Havva, yeni ortama uyum sağlamak zorunda kaldılar. Her şeyin ötesinde yaşayan ruh olarak değil ama benliğin insanları olarak yaşamak zorunda kaldılar. Çalıştıktan sonra yorulduklarından dinlendiler. Hastalık kaparak rahatsızlandılar. Yedikleri değiştiğinden sindirim sistemleri değişti. Yemek yedikten sonra bağırsakları çalışmak zorunda kaldı. Her şey değişti. Âdem'in itaatsizliği hiçbir suretle küçük bir şey değildi; günah tüm insanlığa geldi. Âdem'le Havva ve onların yeryüzündeki tüm torunları, ölü ruhlarıyla fiziki yaşamlarına başladılar.

Harmadik fejezet
Emberek a fizikai térben

A hús az a természet, amely a hússal elegyedik,
Így az emberek hajlamosak a bűnelkövetésre a fizikai térben.
Azonban, az ember szívében legbelül van
Az élet magja, mely Istentől származik,
És ezzel az életmaggal az emberi művelés lehetővé válik.

1. Az élet magja

2. Hogyan teremtődik az ember

3. Lelkiismeret

4. A hús munkája

5. Művelés

Ádám és Éva nagyon sok gyereknek életet adott ezen a földön. Bár a szellemük halott volt, Isten nem hagyta el őket. Megtanította nekik azokat a dolgokat, amelyek szükségesek voltak a földi életükhöz. Ádám megtanította a gyerekeinek ezt az igazságot, így mind Káin, mind Ábel nagyon jól tudta, hogy hogyan hozhat áldozatokat Istennek.

Idővel Káin felajánlott egy áldozatot Istennek, a föld gyümölcsét áldozta fel, azonban Ádám a véráldozatot hozta meg Istennek, és Isten ezt kívánta. Amikor Isten csak Ábel áldozatát fogadta el, ahelyett, hogy rájött volna a hibájára, és megbánta volna azt, Káin olyan féltékeny lett Ábelre, hogy végül megölte.

Az idő múlásával a bűn egyre jobban elterjedt, míg Noé idejében, a föld annyira tele lett emberi erőszakkal, hogy végül Isten a teljes világot megbüntette vízzel. Azonban Isten megengedte Noénak és a három fiának, hogy egy teljesen új fajt nemzzenek. Mi történt az emberi fajjal, amely a földön élt?

1. Az élet magja

Miután Ádám bűnözött, a kommunikációja Istennel megszakadt. A spirituális energiája elszivárgott, és a húsbeli energiák magukba kerítették, és betakarták az élet magját benne.

Isten a föld porából alkotta meg Ádámot. Héberül az „Adamah" földet vagy talajt jelent. Isten megalkotta az ember formáját agyagból, és az életet belelehelte az orrlyukába. Ézsaiás könyvében szintén azt látjuk, hogy az ember „agyagból volt."

Az Ézsaiás 64,8-ban ezt találjuk: „*Oh ne haragudjál Uram felettébb, és ne mindörökké emlékezzél meg álnokságinkról; ímé lásd, kérünk, mindnyájan a Te néped vagyunk.*"

Nem sokkal az után, hogy megalapítottam ezt a templomot, Isten megmutatott nekem egy víziót Magáról, ahogy Ádámot mintázza agyagból. Az anyag, amit Isten használt, vízzel kevert föld volt, ami valójában agyag. Itt a víz Isten szavára utal (János 4,14). Ahogy a talaj és a víz egyesült, és az élet lehelete belekerült, a vér, amely az élet maga, elkezdett keringeni benne (Leviták könyve17,14).

Az élet leheletében benne van Isten hatalma. Mivel Istentől jön, soha nem válhat kihalttá. A Biblia nem egyszerűen azt mondja, hogy Ádámból ember lett. Azt mondja, hogy élőlény lett. Azaz, egy élő lélek volt. Örökre élhetett volna az élet leheletével, bár a föld porából alakult. Ebből megérthetjük

A hús megalkotása

János 10,34-35 verseinek értelmét, amely így szól: *"Felele nékik Jézus: Nincs-é megírva a ti törvényetekben: Én mondám: Istenek vagytok? Ha azokat isteneknek mondá, a kikhez az Isten beszéde lőn (és az írás fel nem bontható)."* Ahogy megalkották, az elején az ember halhatatlan volt, és nem kellett a fizikai halált megtapasztalnia. Annak ellenére, hogy Ádám szelleme halott volt az engedetlensége miatt, a legmélyen mégis az Isten által adott élet magja van. Ez örök, és általa bárki újjászülethet Isten gyermekeként.

Az élet magja mindenkinek jár

Amikor Isten megteremtette Ádámot, elültette belé az élet kiolthatatlan magját. Az élet magja az eredeti mag, melyet Isten elültetett Ádám szellemébe, amely az ő szellemének a legbensőbb része. Ez a szellem eredete, a hatalom forrása, amellyel Istenről elmélkedünk, és az emberi feladatunkat megtartjuk.

A terhesség hatodik hónapjában Isten megadja az élet magját, a lélekkel együtt, az embriónak. Ebben az életmagban van Isten szíve és hatalma, hogy az emberek tudjanak kommunikálni Istennel. A legtöbb ember, aki nem ismeri el Isten létezését, még így is fél a halál utáni élettől, vagy nem tudja a szíve mélyén megtagadni Istent, mivel a szíve mélyén ott van az élet magja.

A piramisok, és más relikviák tartalmazzák az emberek elképzeléseit az örök életről, és a reménységüket egy örök nyugvóhellyel kapcsolatosan. Még a legbátrabb emberek is félnek a haláltól, mivel a szívükben lévő élet magja felismeri az elkövetkező életet.

Mindenkiben megvan az Isten által adott élet magja, és mindenki keresi Istent a természetével (Prédikátorok könyve 3,11). Az élet magja úgy viselkedik, mint az ember szíve, és ily módon közvetlenül kapcsolódik a spirituális élethez. A vér azért kering, hogy ellássa a testet oxigénnel és tápanyagokkal, a szív működésének következtében. Hasonlóképpen, ha az élet magja aktiválódik egy emberben, a szelleme is energizálódik, és képes lesz Istennel kommunikálni. Ezzel ellentétben, ha a szelleme halott, az élet magja nem aktív, és az ember nem tud közvetlenül Istennel kommunikálni.

Az élet magja a szellem magja

Ádám tele volt az igazság tudásával, mely Istentől származott. Az élet magja teljesen aktív volt benne. Tele volt spirituális energiával. Annyira bölcs lett, hogy meg tudta nevezni az összes élőlényt, és úgy tudott élni, mint az összes élő teremtmény ura, aki uralkodott rajtuk. Azonban, miután bűnözött, az Istennel való kommunikációja megszűnt. A spirituális energiája is elkezdett kiszivárogni belőle. A spirituális energiája helyett húsbeli energiája lett, és a húsbeli energia a szívében eltakarta az élet magját. Innentől kezdve az élet magja fokozatosan elvesztette a fényét, míg végül teljesen inaktívvá vált.

Ahogy egy ember élete véget ér, amikor a szíve nem ver többé,

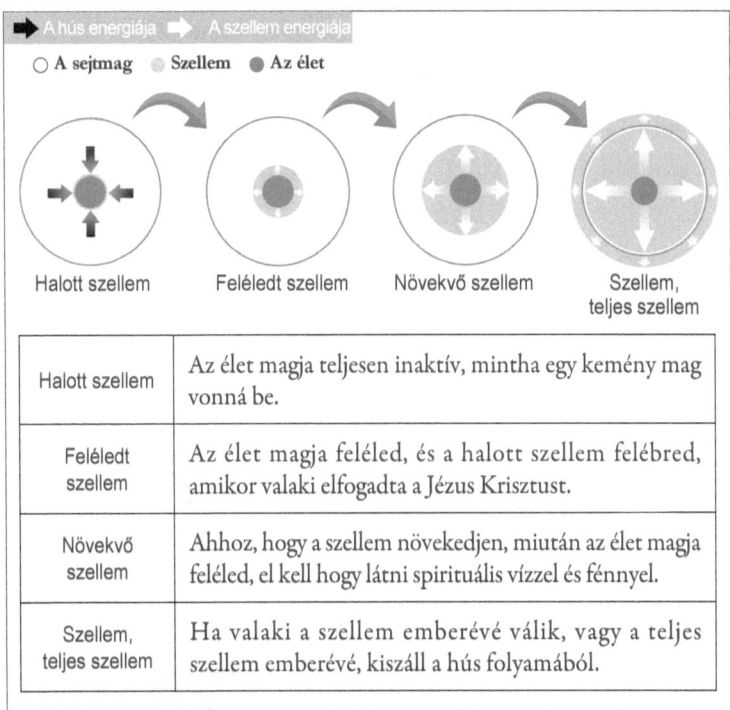

Halott szellem	Az élet magja teljesen inaktív, mintha egy kemény mag vonná be.
Feléledt szellem	Az élet magja feléled, és a halott szellem felébred, amikor valaki elfogadta a Jézus Krisztust.
Növekvő szellem	Ahhoz, hogy a szellem növekedjen, miután az élet magja feléled, el kell hogy látni spirituális vízzel és fénnyel.
Szellem, teljes szellem	Ha valaki a szellem emberévé válik, vagy a teljes szellem emberévé, kiszáll a hús folyamából.

Ádám lelke is meghalt, ahogy az élet magja meghalt benne. Az, hogy a lelke meghalt, azt jelenti, hogy az élet magja teljesen leállt benne, azaz halott volt. Ezért, ebben a fizikai térben mindenki úgy születik, hogy az élet magja teljesen alszik benne.

Ádám botlása óta az emberek nem tudják a halált elkerülni. Ahhoz, hogy újra örök életük legyen, meg kellett oldaniuk a bűn problémáját Isten segítségével, aki a Fény. Azaz, el kell fogadniuk Jézus Krisztust, és a bűneik meg kell hogy bocsáttassanak. Annak érdekében, hogy a lelkünk újjáéledjen, Jézus meghalt a kereszten, magára véve az egész emberiség bűnét. Ő lett az út, az igazság, az élet, amely által minden ember örök életet nyerhet. Amikor elfogadjuk Jézus Krisztust személyes Megmentőnkként, megbocsájtják a bűneinket, és Isten gyermekeivé válhatunk, mert a Szentlélek megszáll bennünket.

A Szentlélek az élet magját aktiválja bennünk. Ez az, amikor a halott lelkünk újjáéled. Innentől kezdve, az élet magja, mely elveszítette a fényét, újra ragyogni kezd bennünk. Természetesen, nem tud annyira ragyogni, mint Ádámban, de a fény erőssége úgy nő, ahogy az emberek hite növekszik, és a lelkük növekedik és érik.

Minél jobban elönti a Szentlélek az élet magját, annál erősebb fényt fog kibocsájtani magából, és annál fényesebb lesz a spirituális test. Minél jobban megtelik valaki az igazság tudásával, annál jobban képes lesz Isten elveszett képét visszaszerezni, és Isten igaz gyermekévé válni.

Az élet fizikai magja

A spirituális magon kívül, amely olyan, mint a lélek magja, létezik a fizikai értelemben vett élet magja is. Ez a spermára és petesejtre vonatkozik. Isten megalkotta az emberi műveléssel kapcsolatos tervet, hogy olyan igaz gyermekeket nyerjen, akikkel igaz szeretetet tud megosztani. Hogy a tervét véghezvigye, az embernek megadta az élet magját, hogy sokasodjon, és befödje a földet. A spirituális tér, ahol Isten lakik, végtelen, és nagyon

A hús megalkotása

magányos és puszta lenne, ha senki nem lenne benne. Ezért Isten megalkotta Ádámot, mint élő szellemet, és megengedte neki, hogy generációról generációra sokasodjon, és így Isten sok gyermeket nyert.

Isten olyan személyeket akar, akiknek a halott lelke feléled, képesek Istennel kommunikálni, és képesek örökre osztozni a szeretetben Vele, a mennyei királyságban. Hogy ilyen igaz gyermekeket nyerjen, Isten mindenkinek megadja az élet magját, és Ádám óta műveli az embereket. Dávid rájött erre a tervre és szeretetre, és ezt mondta: *"Magasztallak, hogy csodálatosan megkülönböztettél. Csodálatosak a te cselekedeteid! és jól tudja ezt az én lelkem"* (Zsoltárok 139,14).

2. Hogyan teremtődik az ember

Egy emberi lényt nem lehet egy másik emberből klónozni. Ha duplikálják is az ember külső megjelenését, ez nem egy emberi lény lesz, mert nem lesz lelke. A klónozott élőlény nem lenne más, mint egy állat.

Egy új élet akkor kezdődik el, amikor egy nő petesejtje egyesül egy férfi spermájával. Hogy teljesen kialakulhasson az emberi alak, a magzat kilenc hónapig az anyaméhben marad. Láthatjuk Isten titokzatos hatalmát, amikor látjuk a növekedést a fogamzástól a terhesség végéig.

Az első hónapban az idegrendszer elkezd kialakulni. Megtörténik az alap megformálása a vér, csontok, izmok, vénák és a belső szervek kialakulásával. A második hónapban, a szív elkezd verni, és a magzat nagyjából felveszi az ember külső formáját. Ekkor a fej és a végtagok felismerhetővé válnak. A harmadik hónapban a fej alakul ki. Tudja mozgatni a fejét, testét, végtagjait, és a nemi szervek is kifejlődnek.

A negyedik hónaptól a placenta kiteljesedik, a tápanyagellátás megnő, és a magzat hossza és súlya nagyon megnő. Az összes szerv, amely a testet és az életet támogatja, normálisan működik. Az izmok az ötödik hónaptól alakulnak ki, és a hallás képessége is, amely által a hangokat meghallja. A hatodik hónapban kifejlődnek az emésztőszervek, és a növekedés még gyorsabb lesz.

A hús megalkotása

A hetedik hónapban kinő a haj a fejen, és a tüdők kialakulásával elkezd lélegezni.

A nemi szervek és a hallás képességének kialakulása a nyolcadik hónap végén van. A magzat lehet, hogy reagálni fog a külső zajokra. A kilencedik hónapban, a haj megsűrűsödik, a testen lévő finom szőrzet eltűnik, és a végtagok vaskosabbá válnak. A teljes kilenc hónap után, megszületik egy kisbaba, melynek az átlagos hossza 50 centiméter, és az átlagos súlya 3,2 kilogramm.

A magzat olyan élet, amely Istenhez tartozik

A mai tudományos fejlődéssel, az emberek érdeklődése megnőtt az élőlények klónozásával kapcsolatban. Azonban, mint korábban mondtuk, függetlenül attól, hogy milyen fejlett lesz a tudomány, az ember nem válik klónozhatóvá. Még ha duplikálják is az ember külső kinézetét, nem lesz lelke. Márpedig lélek nélkül nem fog különbözni egy állattól.

Az ember fejlődésének folyamatában – az összes többi állattól eltérően – van egy pont az időben, amikor az ember kap egy lelket. A terhesség hatodik hónapjában a magzatnak különböző szervei vannak már, arca és végtagjai is vannak. Olyan edénnyé válik, amely elég ahhoz, hogy a lelkét megtartsa. A Biblia leírásaiból ezt a dolgot kikövetkeztethetjük. Ezen a ponton Isten megadja az élet magját a lélekkel együtt az embernek. Egy hathónapos magzat válaszát látjuk az anyaméhben.

47

Lukács 1,41-44 ezt tartalmazza: *"És lőn, mikor hallotta Erzsébet Mária köszöntését, a magzat repese az ő méhében; és betelék Erzsébet Szent Lélekkel; És fennszóval kiálta, mondván: Áldott vagy te az asszonyok között, és áldott a te méhednek gyümölcse. És honnét van ez nékem, hogy az én Uramnak anyja jön én hozzám? Mert ímé, mihelyt a te köszöntésednek szava füleimbe hatolt, a magzat örvendezéssel kezde repesni az én méhemben. És boldog az, a ki hitt; mert beteljesednek azok, a miket az Úr néki mondott."*

Ez akkor történt, amikor Jézus megfogant Szűzmária méhében, és elment meglátogatni Erzsébetet, aki hat hónappal korábban fogant meg Keresztelő Jánossal. Az anyja méhében Keresztelő János ugrált örömében, amikor Szűzmária megérkezett. Elismerte Jézust Mária méhében, felismerte őt, és eltelt a Szentlélekkel. Egy magzat nem csupán egy élet, hanem egy spirituális lény is, akire rászállhat a Szentlélek a terhesség hatodik hónapjától. Egy emberi lény olyan élet, amely Istenhez tartozik, egészen a fogantatás legelejétől. Csak Istennek van tekintélye az élet fölött. Ezért nem szabad egy terhességet megszakítanunk, kedvünk és szükségletünk szerint, még akkor sem, ha a magzatnak nincsen még lelke.

A kilenc hónapos időszak, amíg a magzat az anyaméhben fejlődik, egy nagyon fontos időszak. Mindennel el van látva, amire szüksége van az anyától, ezért az anyának kiegyensúlyozott étrendre van szüksége. Az anya gondolatai és érzelmei szintén befolyásolják a magzat jellemének, személyiségének, intelligenciájának a kialakulását. Ugyanez a helyzet a szellemmel. Azoknak az anyáknak a gyermekei, akik Isten királyságát szolgálják, és szorgalmasan imádkoznak, általában gyöngéd természettel jönnek a világra, és bölcsességgel és egészséggel jönnek a világra.

Az élet fölötti döntés joga egyedül az Istené, de Ő nem lép közbe a megtermékenyülés, születés, és az emberi növekedés folyamatába. A született természet a szülők spermájában és petesejtjében található életenergia minőségétől függ. Más egyéniségjegyeket megszerzünk, és a környezet, valamint más hatások befolyásolják ezeket.

Isten különleges közbenjárása

Vannak olyan esetek, amikor Isten közbelép valaki megfogantatásába és megszületésébe. Először akkor, amikor a szülők buzgón imádkoznak, és Isten kedvére tesznek. Hanna, aki a bírák idejében élt, nagy fájdalomban és agóniában élt, mivel nem születhetett gyereke. Ezért Isten elé járult, és komolyan imádkozott. Ígéretet tett, hogy ha Isten egy fiút adna neki, felajánlaná azt Istennek.

Isten meghallotta az imáját, és megáldotta, hogy fia szülessen. Amint ígérte, el is hozta a fiat, Sámuelt a lelkészhez, amint elválasztotta őt magától, és felajánlotta őt, mint Isten szolgáját. Sámuel gyerekkora óta kommunikált Istennel, és később Izrael egyik nagy prófétája lett. Mivel Hanna megtartotta az ígéretét,

Isten megáldotta őt, és három további fia született, valamint két lánya is (1 Sámuel 2,21).

Másodszor, Isten közbelép azoknak az életébe, akiket Isten gondviseléséből különleges célra szán. Hogy megértsük ezt, meg kell értenünk a „kiválasztottnak lenni" és az „elkülönítettnek lenni" közötti különbséget. Isten választása az, hogy mikor állapít meg egy bizonyos keretet, és megkülönböztetés nélkül kiválaszt mindenkit, aki ebbe a keretbe belefér. Például, Isten megalapította az üdvösség kereteit, és mindenkit üdvözít, aki ennek kereteibe belefér. Ezért azok, akik elfogadják Jézus Krisztust, és Isten szava szerint élnek, a „kiválasztottak."

Vannak, akik megértik, hogy Isten előre eldönti, hogy ki üdvözül, és ki nem. Azt mondják, ha egyszer elfogadod az Urat, Isten oly módon fog munkálkodni, hogy valahogy megmenekülsz, akkor is, ha nem Isten szava szerint élsz. Azonban ez nem igaz.

Mindenki, aki a szabad akaratával a hitben él, az üdvösség keretein belül üdvözülni fog. Azonban azok, akik nem kerülnek be az üdvösség kereteibe, vagy azok, akik bár egyszer benne voltak, később eltávolodtak onnan, mert a világi dolgokban elmerültek, és tudva vagy tudatlanul bűnöket követtek el, nem üdvözülhetnek, hacsak nem fordulnak el a bűneiktől.

Mit jelent, akkor, az „elkülönítés"? Az, amikor Isten, aki mindent tud és mindent eltervez az idők kezdete előttről,

A hús megalkotása

kiválaszt egy embert, és a teljes életének a folyását befolyásolja. Például Ábrahám, Jákob, az izraeliták atyja, és Mózes, az Exodus vezetője, őket Isten mind elkülönítette, hogy az Ő gondviseléséből megállapított különleges feladatokat elvégezzék. Isten mindent tud. Az emberi művelés gondviseléséből előre tudja, milyen emberek, és mikor fognak megszületni az emberi történelem során. Annak érdekében, hogy a Terveit véghezvigye, bizonyos embereket kiválaszt, és megengedi nekik, hogy nagyszerű feladatokat hajtsanak végre. Azok életébe, akik ily módon ki vannak választva, minden pillanatban beleavatkozik, beleértve a születésüket.

A rómaiakhoz írt levél 1,1 ezt tartalmazza: *„Pál, Jézus Krisztusnak szolgája, elhívott apostol, elválasztva Isten evangyéliomá [nak hirdetésére.]"* Amint látjuk, Pál apostolt kiválasztották, mint a hitetlenek apostolát, hogy az evangéliumot terjessze. Mivel bátor és állhatatos szíve volt, kiválasztották, hogy elképzelhetetlenül nehéz fájdalmakon menjen át. Az Új Testamentum könyveinek nagy részét neki kellett lejegyeznie. Ahhoz, hogy egy ilyen feladatot véghez tudjon vinni, Isten megengedte neki, hogy megtanulja Isten akaratát alaposan, még gyerekkorától, a kor legjobb tudósától, Gamalieltől.

Keresztelő Jánost szintén kiválasztotta Isten. Isten beleszólt a fogantatásába, és megengedte neki, hogy egy másik fajta életet éljen, már gyerekkorában is. A vadonban élt egyedül, semmilyen kontaktust nem tartva fenn a világgal. Teveszőr ruhája volt, és bőröve a derekán, és az étele sáska és vadméz volt. Ily módon készítette elő Jézus útját.

51

Ugyanez volt a helyzet Mózessel. Isten Mózes születésétől kezdve közbelépett. Kidobták a folyóból, de a hercegkisasszony megtalálta, és herceg lett belőle. Ennek ellenére a saját anyja nevelte fel, hogy ily módon tudomást szerezhessen Istenről, és a saját népéről. Mint egyiptomi, a világról is megszerzett minden tudást. Amint láttuk, a kiválasztottság azt jelenti, hogy Isten az Ő függetlenségében ellenőrzi bizonyos emberek életét, előre tudva, hogy az emberi történelem bizonyos pontján milyen ember születik meg.

3. Lelkiismeret

Az, hogy egy ember keresi és megtalálja Istent, visszaszerzi az Ő képét, és értékes lénnyé válik, nagyban függ attól, hogy milyen a lelkiismerete.

A szülők spermája és petesejtje tartalmazza az ő életenergiájukat, amelyet a gyerekek örökölnek. Ugyanez a helyzet a lelkiismerettel. A lelkiismeret a mérce, amely alapján meg lehet különböztetni a jót a gonosztól. Ezért valaki lelkiismeretének alapvetően fontos tényezője az a fajta életenergia, amelyet a szüleitől örökölt.

Azonban, annak ellenére, hogy jó életenergiát örököltek a szüleiktől, ha nem előnyös környezetben nőnek fel, sok gonosz dolgot látva-hallva, előfordulhat, hogy a lelkiismeretüket foltossá teszi a gonoszság. Ellenkezőleg, azok, akik előnyös környezetben nőnek fel, jó dolgokat látva-hallva, valószínűleg viszonylag jó lelkiismerettel bírnak majd.

A lelkiismeret kialakulása

Attól függően, hogy kik a szülők, milyen a környezet, milyen dolgokat lát és hall az ember, és milyen erőfeszítést tesz a jó érdekében, különböző lelkiismeret alakulhat ki. Tehát, akik jó szülőktől születnek, valamint jó környezetben nőnek fel, és akik képesek magukat kontrollálni, általában a jóságot követik, mert a lelkiismeretük szerint élnek. Számukra könnyű az evangéliumot elfogadni, és az igazság szerint megváltozni.

Általában az emberek azt hihetik, hogy a lelkiismeret a szívünk jó része, de Isten szerint nem így van. Van, akinek jó a lelkiismerete, ezért inkább a jóságot követi, míg másoknak gonosz a lelkiismerete, és a saját előnyüket követik ahelyett, hogy az igazságot követnék. Van, akinek lelkiismeret furdalása van, ha valakitől egy kis dolgot elvesznek, míg mások azt hiszik, nem lopás ez, ezért nem is gonoszság. Az embereknek különböző a megítélése a gonoszsággal kapcsolatban, attól függően, hogy milyen környezetben növekedtek, és mire tanították őket. Az emberek a jó és a gonosz között úgy döntenek, hogy a lelkiismeretükre támaszkodnak. Azonban az emberek lelkiismerete különböző. Sok különbség van annak megfelelően, hogy valaki milyen kultúrából és területről érkezik, és soha nem válhatnak a mércévé a jó és a rossz megítélése között. Az abszolút sztenderd csak Isten szavában található meg, ami az igazság maga.

A szív és a lelkiismeret közötti különbség

A rómaiakhoz írt levél 7,21-24 ezt tartalmazza: *„Megtalálom azért magamban, ki a jót akarom cselekedni, ezt a törvényt, hogy a bűn megvan bennem. Mert gyönyörködöm az Isten törvényében a belső ember szerint; De látok egy másik törvényt az én tagjaimban, mely ellenkezik az elmém törvényével, és*

A hús megalkotása

engem rabul ád a bűn törvényének, mely van az én tagjaimban. Óh én nyomorult ember! Kicsoda szabadít meg engem e halálnak testéből." Ettől a verstől kezdve megértjük, hogyan áll össze az ember szíve. A „belső ember" ebben a versben az igazság szíve, amely „fehér szívnek" hívható, amely követi a Szentlélek irányítását. Ebben a belső emberben van az élet magja. Ezenkívül létezik „a bűn törvénye," amely a fekete szív, és a hamisságból áll. Létezik „az elmém törvénye" is. Ez a lelkiismeret. A lelkiismeret az értékítélet mértéke, amelyet valaki saját maga alakított ki. Ez a „fehér szív" és a „fekete szív" elegye. Annak érdekében, hogy megértsük a lelkiismeretet, először meg kell hogy értsük a szívet.

Számos különböző definíciója van a „szív" szónak a szótárakban. „Az érzelmi vagy morális, amely más, mint az intellektuális," vagy „a legbelsőbb karakter, érzelmek, hajlamok."
Azonban a szív spirituális jelentése különbözik ettől

Amikor Isten megalkotta az első embert, Ádámot, megadta neki az élet magját is a lelkével együtt. Ádám olyan volt, mint egy üres edény, és Isten beleplántálta a lélek, jóság, valamint az igazságosság magját. Mivel Ádámot csak az igazsággal tanították, az élete magja a lelkéből állt csupán, a benne lévő tudással együtt. Mivel csak az igazsággal volt tele, nem volt szükség megkülönböztetni a lelket és a szívet. Mivel nem létezett hamisság, az a szó, hogy lelkiismeret nem volt szükséges.

Azonban, miután Ádám bűnözött, a lelke nem volt olyan többé, mint a szíve. Mivel az Istennel való kommunikálását megszigorították, az igazság, a lélek tudása elkezdett kiszivárogni, és helyette a hamisság, mint a gyűlölet, irigység, arrogancia elkezdett beszivárogni a szívébe, és eltakarta az élet magját. Mielőtt a hamisság elöntötte Ádámot, nem volt szükség a „szív" szóra. A szíve volt a lélek maga. Miután a hamisságok a bűnök következtében beszivárogtak, a lelke meghalt, és attól kezdve a „szív" szót használjuk.

Ádám bukása után az emberek szíve olyan állapotba került, ahol „a hamisság takarta be az élet magját," ami azt jelenti, hogy „a lelkét, a szelleme helyett." Könnyedén kifejezve, az igazság szíve a fehér szív, és a hamisság szíve a fekete szív. Ádám leszármazottai, akik a bukása után születtek, mind bírnak az igazság és a hamisság szívével, és a lelkiismerettel, amelyet úgy nyertek, hogy a hamisságot összekeverték az igazsággal.

A természet a lelkiismeret alapja

A szív eredeti, legbelsőbb jellegét az emberi természetnek hívjuk. Az ember természetét nem csak az örökölt dolgok határozzák meg. Annak megfelelően is változik, hogy milyen dolgokat fogad el valaki, miközben felnő. Ahogy a talaj karaktere is megváltozik attól függően, hogy mit teszünk bele, valakinek a természete is megváltozhat attól függően, hogy mit lát, hall és érez.

Ádám összes leszármazottja, aki erre a földre születik, megörökli a szülei természetét az ő életenergiájuk által, amely szintén a jó és a rossz keveréke. Másrészt, bár jó természettel

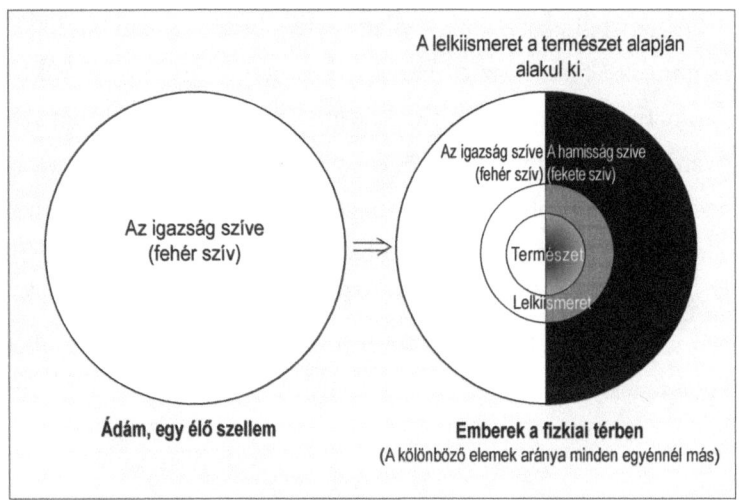

< A szív összetétele >

születnek, amennyiben elfogadják a gonosz dolgokat az előnytelen környezetben, ez is gonoszságnak számít majd. Azonban, ha jó dolgokra tanítják őket, jó környezetben, viszonylag kevesebb gonoszság plántálódik majd el bennük. Bárkinek meg lehet változtatni a természetét, ha hozzáadjuk a megszerzett igazságokat és hamisságokat.

Könnyű megérteni a lelkiismeretet, ha először megértjük az ember természetét, mert a lelkiismeret az ítélet alapja, amely a természet fölött áll. A legbelsőbb természetünkbe fogadjuk be az igazságot és a hamisságot, és így alakítjuk ki az ítélkezésünk alapját. Ez a lelkiismeret. Amelyben benne van az igazság, a gonoszság, és az önelégültség vagy álszentség.

Ahogy telnek a napok, a világ egyre jobban tele van bűnökkel és gonoszsággal, és az emberek lelkiismerete egyre gonoszabbá válik. Egyre gonoszabb természetet örökölnek a szülőktől a gyermekek, és ennek tetejébe, még több hamisságot fogadnak el a világtól. Ez a folyamat történik generációról generációra. Mivel a lelkiismeretük egyre gonoszabb és érzéketlenebb lesz, nehezebb lesz számukra az evangélium elfogadása. Ehelyett könnyebb lesz a számukra, hogy a Sátán munkáit elfogadják, és bűnöket kövessenek el.

4. A hús munkája

Amikor egy ember bűnözik, biztosan lesz megtorlás, a spirituális birodalom szabályainak megfelelően. Isten türelmes lesz vele, és még egy esélyt ad neki, hogy elforduljon a bűnöktől, és megbánja azokat, azonban, ha ez az ember túllép egy határon, különböző gondok és megpróbáltatások érik, vagy különböző szerencsétlenségek történnek vele.

Mindenki bűnös természettel születik, mivel az első ember, Ádám bűnös természetét mindenki megörökli a szülei életenergiáin keresztül. Még a totyogókat is láthatjuk néha, ahogy kifejezik a dühüket és frusztrációjukat, például azzal, hogy olyan sokat sírnak. Néha azt látjuk, hogy ha nem gondoskodunk egy síró, éhes gyerekről, olyan sokat sír majd, hogy lélegezni sem tud. Később pedig visszautasítja, hogy gondoskodjanak róla, mert annyira dühös. Még az újszülött bébik is így tesznek, mivel ingerlékenységet, gyűlöletet, valamint irigységet örökölnek a szüleiktől. Ez azért van, mert minden ember bűnös szívvel születik, és ez az eredeti bűn.

Az emberek bűnöznek, miközben felnőnek. Ahogy a mágnes magához vonzza a fémet, azok, akik a fizikai térben élnek, el fogják fogadni a hazugságot, és bűnözni fognak. Ezek az önmagunk-elkövette bűnök a szívbeli és cselekedetbeli bűnökre oszlanak. A különböző bűnöknek különböző a mértéke, és a cselekedetbeli bűnök felett ítélkezni fognak (1 Korinthusiak

5,10). A cselekedetben elkövetett bűnök a „húsbeli bűnök."

A húsbeli cselekedetek, és a hús

A Genezis 6,3 ezt mondja: „*És monda az Úr: Ne maradjon az én lelkem örökké az emberben, mivelhogy ő test; legyen életének ideje száz húsz esztendő."* Itt a „hús" nem egyszerűen a fizikai testre vonatkozik. Hanem azt jelenti, hogy az ember húsbeli élőlénnyé vált, aki foltos a bűntől és gonoszságtól. Egy ilyen húsbeli ember nem élhet örökre Istennél, és ily módon nem is üdvözülhet. Nem sok generációval az után, hogy Ádámot kivezették az Édenkertből, és a földi életét elkezdte, a leszármazottai gyorsan elkezdték a hús munkáit felmutatni.

Isten rávette Noét – aki kora igazságos embere volt – hogy készítsen egy bárkát, és figyelmeztesse az embereket, hogy forduljanak el a bűneiktől. Azonban, senki más nem akart a bárkába menni, csak az ő családja. A spirituális törvény szerint, mely azt mondja: „a bűn zsoldja a halál," (Rómaiakhoz írt levél 6,23), mindenkit elpusztított az árvíz Noé idején.

Mi a „hús" spirituális jelentése? Arra vonatkozik, amikor „a hamisság valaki szívében megnyilvánul a cselekedeteiben." Más szavakkal, az irigység, dühösség, gyűlölet, kapzsiság, házasságszédelgés gondolata, arrogancia, és minden külsőséges hamisság megnyilvánul a cselekedetekben erőszak, tisztességtelen nyelvezet, házasságszédelgés, vagy gyilkosság formájában. Ezeket mind „húsnak" hívjuk, összességében, és ezek a cselekedetek mind a hús cselekedetei.

Azonban azok a bűnök, amelyek nem nyilvánulnak meg a cselekedetekben, csak az elménkben követjük el, ezek is „a hús cselekedetei." A hús dolgai egy napon előjöhetnek, mint a hús dolgai, ha nem dobjuk ki a szívünkből. A hús további dolgait megtárgyaljuk a második részben, melynek címe „A lélek kialakulása."

Ha a hús dolgait feltárják, mint húsbeli dolgokat, ez igaztalanság és törvénytelenség. Ha a szívünkben bűn van, ez nem hamisságnak számít, azonban, ha cselekedetekben is megnyilvánul, akkor már bűn. Ha nem dobjuk el magunktól a hús dolgait, hanem folyamatosan elkövetjük a bűnöket, bűnfalakat húzunk fel saját magunk és Isten között. A Sátán meg fog vádolni bennünket, és megpróbáltatásokban lesz részünk. Lehet, hogy baleseteket szenvedünk el, mert Isten nem tud megvédeni bennünket. Nem tudhatjuk, mi történik holnap, ha nem vagyunk Isten oltalmazása alatt. Ezért nem kaphatjuk mag a válaszokat sem az imáinkra.

A hús nyilvánvaló munkái

Ha a gonoszság túlságosan elhatalmasodik a földön, a legevidensebb bűn a szexuális erkölcstelenség és az érzékiség lesz. Szodoma és Gomora tele voltak érzékiséggel, és a kén és a tűz elpusztította őket. Ha megnézed Pompei városának maradványait, képet kapsz arról, hogy milyen kicsapongó és dekadens társadalom volt az.

A Galateákhoz írt levél 5,19-21 a hús egyértelmű munkáiról ír:

A testnek cselekedetei pedig nyilvánvalók, melyek [ezek]: házasságtörés, paráznaság, tisztátalanság, bujálkodás. Bálványimádás, varázslás, ellenségeskedések, versengések, gyűlölködések, harag, patvarkodások, viszszavonások, pártütések, Irígységek, gyilkosságok, részegségek, dobzódások és ezekhez hasonlók: melyekről előre mondom néktek, a miképen már ezelőtt is mondottam, hogy a kik ilyeneket cselekesznek, Isten országának örökösei nem lesznek.

Még ma is, a teljes világon a hús ilyen munkái teljesen elterjedtek. Hadd adjak néhány példát a hús ilyen példáira.

Először: ez szexuális erkölcstelenség. A szexuális erkölcstelenség fizikai vagy spirituális lehet. Fizikai értelemben a házasságtörésre vagy a paráznaságra vonatkozik. Még azok sem lehetnek kivételek a példa alól, akik eljegyezték egymást. Manapság a regények, filmek, szappanoperák, a paráznaságot szép szerelemként mutatják be, ezáltal az embereket érzéketlenné teszik a bűnök iránt, és a megkülönböztető képességüket homályossá. Egy csomó obszcén anyag létezik, mely a paráznaságot terjeszti.

A hús megalkotása

Azonban létezik spirituális immoralitás is a hívők esetében. Amikor jóshoz mennek, amulettet vagy szerencsetárgyakat viselnek, vagy varázslatot művelnek (1 Korinthusiakhoz 10,21), ez spirituális megcsalásnak minősül. Ha a keresztények nem hagyatkoznak Istenre, aki az életet, halált, áldást és átkot ellenőrzi, hanem a démonokra hagyatkoznak, ez spirituális megcsalás, ami ugyanaz, mintha Istent elárulták volna.

Másodjára, a tisztátalanság az, ha a vágyat követjük, és számos helytelen dolgot elkövetünk, és ha az életünk olyan szavakkal és cselekedetekkel van tele, amelyek csalóak. Valami, ami a közönséges szexuális erkölcstelenségen túl van, mint például az állatokkal való közösülés, csoportos szex, és homoszexualitás (Leviticus 18,22-30). Minél jobban elterjednek a bűnök, annál érzéketlenebbekké válnak az emberek a csalással szemben.

Ezek a dolgok azt jelentik, hogy valaki ellenkezik Istennel, és Ellene van (Rómaiak 1,26-27). Ezek olyan bűnök, amelyek megfosztanak bennünket az üdvösségtől (1 Korinthusiak 6,9-10), amelyek megvetendőek Isten előtt (Deuteronomé 13,18). A nemet megváltoztató műtétek, vagy a férfiak számára a női ruházat, vagy a nők számára a férfiruha viselése – ezek mind megvetendő bűnök Isten előtt (Deuteronomé 22,5).

Harmadszorra: a bálványimádás is utálat Isten szemében. Létezik a spirituális és a fizikai bálványimádás.

A fizikai bálványimádat az, amikor olyan tárgyakat szolgálunk vagy imádunk, amelyek fából, kőből vagy fémből vannak ahelyett, hogy Istent, a Teremtőt keresnénk (Exodus 20,4-5). A súlyos bálványimádás olyan átkokat eredményez, amelyek három-négy generációra szállnak. Ha megnézzük azokat a családokat, ahol a bálványokat nagy mértékben imádják, az ellenséges ördög és a Sátán állandóan erőpróbákat küld rájuk, így a gondok nem szűnnek meg soha ezekben a családokban. Számos olyan családtag van, akik démonok által megszállottak, mentális gondjaik vannak, vagy alkoholproblémáik. Azok, akik ilyen családokba születnek, még ha el is fogadják az Urat, az ellenséges sátán és az ördög megzavarja őket, és nagyon nehéznek találják, hogy olyan életet éljenek, amely hitben történik.

A spirituális bálványimádás az, amikor egy istenhívő jobban szeret valamit, mint Istent. Ha megsértik Isten napját, hogy filmet nézzenek, vagy szappanoperát, sporteseményeket, vagy más hobbikat, vagy ha a hitbeli feladataikat elhanyagolják egy fiú vagy lánybarát miatt, ez a spirituális bálványimádás. Ezen kívül, ha szeretsz bármit, a családodat, gyerekeidet, világi szórakozást, luxustermékeket, vagy a tudást, és jobban szereted ezeket, mint Istent, akkor is bálványról beszélünk.

Negyedszer, a boszorkányság azt jelenti, hogy felhasználjuk azt a hatalmat, amelyet a gonosz szellemek asszisztálása vagy kontrollja révén kaptunk, főként a jósláshoz.

Nem helyes, ha jósokhoz megyünk, de azt mondjuk, hogy hiszünk Istenben. Még a hitetlenek is nagyobb bajt hoznak magukra, ha boszorkánykodnak, mivel ezek hozzák a gonosz szellemeket. Például, ha boszorkánysághoz folyamodsz, hogy a problémák elhagyjanak, ahelyett, hogy eltűnnének, ezek a gondok még nagyobbak lesznek. A boszorkányság után a gonosz szellemek egy időre elcsendesednek, de hamarosan még több problémát okoznak, hogy még több imádatot kapjanak. Néha úgy tűnik, hogy az eljövendő dolgokról beszélnek, azonban a gonosz szellemek nem ismerik a jövőt. Spirituális lények ők, és ismerik a húsbeli emberek szívét, így becsapják az embereket, akik azt hiszik, hogy a jövőt mondják el nekik, hogy bálványozhassák őket. Boszorkányságot úgy is elkövethetünk, ha tervet szövünk arra, hogy másokat becsapjunk, ezért ezekkel is vigyáznunk kell. Ha megengeded, hogy valaki beleessen egy gödörbe úgy, hogy tőrbe csalod, ez a hús világos cselekedete, és egy módja annak, hogy magadat tönkre tedd.

Ötödször, az ellenségeskedés pozitív, aktív, és tipikusan kölcsönös gyűlölet vagy beteges akarat. Azt jelenti, hogy másokat tönkre akarunk tenni, és meg is tesszük valójában. Azok, akik ellenségesek, gonosz érzésekkel gyűlölnek másokat, csak azért, mert a másik nem tetszik nekik. Ha a gyűlölet e foka túl sok, lehet, hogy felrobbannak, vagy üldözésbe és áskálódásba kezdenek.

Hatodjára, a viszály keserű, néha erőszakos konfliktus vagy egyet nem értés. Az, amikor különböző klikkeket alakítunk a templomban, csak azért, mert másoknak más a véleménye, mint a miénk. Másokról gonosz módon beszélünk, és ítélkezünk. A templomi gyülekezet számos csoportra oszlik miattunk.

Hetedszer, az egyet nem értés az, ha csoportokra oszlunk, és a saját gondolatainkat követjük. Még családok is feloszlanak így, és a templomban is számos ilyen csoport alakulhat. Dávid fia, Absalom megcsalta és elhagyta az apját, mert a saját vágyait követte. Fellázadt az apja ellen, hogy király lehessen. Isten elhagyja az ilyen személyeket. Absalon végül szörnyű halált halt.

Nyolcadszorra, ott vannak a pártviszályok. Ha ezek kialakulnak, eretnekség válhat belőlük. 2 Péter 2,1 ezt tartalmazza: *„Valának pedig hamis próféták is a nép között, a miképen ti köztetek is lesznek hamis tanítók, a kik veszedelmes eretnekségeket fognak becsempészni, és az Urat, a ki megváltotta őket, megtagadván, önmagokra hirtelen való veszedelmet hoznak."* Az eretnekség az, amikor megtagadjuk Jézus Krisztust (1 János 2,22-23; 4,2-3). Azt mondják, hogy hisznek Istenben, de megtagadják a Szentháromság Istenét, vagy Jézus Krisztust, aki megvásárolt bennünket a Vérével, ezzel gyors pusztulást hozva magukra. A Biblia világosan megmondja nekünk, hogy az eretnekek azok, akik megtagadják Jézus Krisztust, ezért nem szabad gondatlanul elítélnünk azokat, akik elfogadják Jézus Krisztust, a Szentháromságot vagy Istent.

Kilencedszer: az irigység az, amikor a féltékenység nagyon komoly cselekedetté fejlődik. Az irigység az, hogy kényelmetlenül

A hús megalkotása

érezzük magunkat, és utáljuk és eltávolítjuk magunkat másoktól, ha azt látjuk, hogy különbek nálunk. Ha ez az irigység kifejlődik, sok olyan cselekedet megtörténhet, ami káros mások számára. Saul féltékeny volt a saját emberére, Dávidra, mert az emberek jobban szerették Dávidot, mint őt. Még a hadseregét is bedobta, hogy megölje Dávidot, és tönkretette a papokat és a városi embereket, akik elrejtették Dávidot.

Tízedik dolog az ittasság. Noé hibát követett el, miután bort ivott a vér után, és ez nagyon nagy következménnyel járt. Elátkozta a második fiát, Hamot, aki feltárta a hibáját.

Az efezusiak 5,18 ezt tartalmazza: *„És meg ne részegedjetek bortól, miben kicsapongás van: hanem teljesedjetek be Szent Lélekkel."* Van, aki azt mondja, egy pohár ital rendben van. Azonban ez is bűn, mivel – függetlenül attól, hogy egy vagy több pohár – azért iszunk alkoholt, hogy berúgjunk. Továbbá, azok, akik isznak, sok bűnt elkövetnek, mivel nem képesek saját magukat ellenőrizni.

A Biblia a borivást hangsúlyozza Izraelben, mert itt kevés a víz, és a víz helyett ezért Isten megengedte nekik, hogy bort igyanak, amely a szőlő tiszta leve, vagy egy erős ital, amely gyümölcsből készül, de nincs benne cukor (Deuteronomé 14,26). Azonban valójában Isten nem engedte meg az embereknek, hogy bort igyanak. (Leviticus 10,9; Számok 6,3; Példabeszédek 23,31; Jeremiás 35,6; Dániel 1,8; Lukács 1,15; Rómaiak 14,21). Isten csak korlátozott borfogyasztást engedett meg, csak kivételes esetekben. Azonban, bár csak a gyümölcsök leve, az emberek, ha túl sok bort isznak, mégis berúgnak. Ezért Izrael népe inkább bort ivott, mint vizet, de nem azért, hogy berúgjanak, és élvezzék az életet.

Utoljára: a részegeskedés ivászatot, nőzést, szerencsejátékot, és más vággyal teli dolgot jelent, az önkontroll hiányával. Az ilyen emberek nem tudják teljesíteni a kötelességeiket, mint emberi lények. Ha nincs valakiben önkontroll, ez is egy fajta részegeskedés. Ha túlságosan obszcén életet élsz, vagy túlságosan kicsapongó vagy, ez is egyfajta tékozlás, kicsapongás. Ha még az után is ilyen életet élsz, miután elfogadtad az Urat, nem adhatod a szíved Istennek, és nem dobhatod el a bűneidet, és nem örökölheted a mennyei királyságot sem.

Mit jelent az, hogy nem örökölhetjük a mennyei királyságot

Eddig a hús egyértelmű munkálkodását figyeltük meg. Mi az oka annak, hogy az emberek elkövetik a hús bűneit? Az, hogy nem akarják Istent, a Teremtőt a szívükbe zárni. A Rómaiak 1,28-32 ezt tartalmazza: *„És a miképen nem méltatták az Istent arra, hogy ismeretökben megtartsák, azonképen oda adták őket az Isten méltatlan gondolkozásra, hogy illetlen dolgokat cselekedjenek; A kik teljesek minden hamissággal, paráznasággal, gonoszsággal, kapzsisággal, rosszasággal; rakvák, irigységgel, gyilkossággal, versengéssel, álnoksággal,* rossz erkölcscsel; Súsárlók, rágalmazók, istengyűlölők, dölyfösek, kevélyek, dicsekedők, rosszban mesterkedők, szüleiknek engedetlenek, Balgatagok, összeférhetetlenek, szeretet nélkül valók, engesztelhetetlenek, irgalmatlanok. Kik jóllehet az Isten végzését ismerik, hogy a kik ilyeneket cselekesznek, méltók a halálra, mégis nemcsak cselekszik azokat, hanem az akképen cselekvőkkel egyet is értenek."

Alapvetően azt mondja, hogy nem fogod Isten királyságát örökölni, ha a hús egyértelmű munkáit gyakorlod. Természetesen, nem arról van szó, hogy nem üdvözülhetsz csak azért, mert bűnöket követsz el néha a gyenge hited miatt.

Nem igaz, hogy az új hívők, akik nem ismerik az igazságot eléggé, vagy azok, akik gyenge hittel élnek, nem üdvözülhetnek, csak azért, mert nem dobták még el a hús munkáit. Mindenkiben van igaztalanság, amíg a hitük megérik, és csak akkor bocsátható meg a bűnük, ha az Úr vérére támaszkodnak. Azonban, ha továbbra is elkövetik a hús bűneit anélkül, hogy elfordulnának tőlük, nem üdvözülhetnek.

A bűnök, amelyek halálhoz vezetnek

1 János 5,16-17 ezt tartalmazza: „*Ha valaki látja, hogy az ő atyjafia vétkezik, [de] nem halálos bűnt, könyörögjön, és [az] [Isten] életet ad annak, a ki nem halálos bűnnel vétkezik. Van halálos bűn; nem az ilyenért mondom, hogy könyörögjön. Minden igazságtalanság bűn; de van nem halálos bűn [is]."*

Amint írva látjuk, vannak olyan bűnök, amelyek halálhoz

vezetnek, és vannak olyanok, amelyek nem vezetnek halálhoz.

Mik azok a bűnök, amelyek halálhoz vezetnek, és amelyek megfosztanak bennünket a jogtól, hogy az Isten királyságát megörököljük?

A zsidókhoz írt levél 10,26-27 ezt tartalmazza: *„Mert ha szándékosan vétkezünk, az igazság megismerésére való eljutás után, akkor többé nincs bűnökért való áldozat, Hanem az ítéletnek valami rettenetes várása és a tűznek lángja, a mely megemészti az ellenszegülőket."* Ha folytatjuk a bűnök elkövetését annak ellenére, hogy tudjuk, hogy bűnözünk, Isten ellen állunk ezzel. Isten nem adja meg a megbánás szellemét az ilyen embereknek.

A zsidókhoz írt levél 6,4-6 ezt is tartalmazza: *„Mert lehetetlen dolog, hogy a kik egyszer megvilágosíttattak, megízlelvén a mennyei ajándékot, és részeseivé lettek a Szent Léleknek, És megízlelték az Istennek jó beszédét és a jövendő világnak erőit, És elestek, ismét megújuljanak a megtérésre, mint a kik önmagoknak feszítik meg az Istennek ama Fiát, és meggyalázzák őt."* Ha Isten ellen állsz, miután meghallgattad az igazságot, és megtapasztaltad a Szentlélek munkáit, a megbánás szellemét nem kaphatod meg, és így nem üdvözülhetsz.

Ha elítéled a Szentlélek munkáit, mint az ördög munkáit, vagy mint eretnekséget, ekkor sem üdvözülhetsz, mert ez azt jelenti, hogy gyalázkodsz, és a Szentlélek ellen vagy (Máté 12,31-

32).

Meg kell hogy értsük, hogy vannak olyan bűnök, amelyeket nem lehet megbocsájtani, és soha nem szabad ezért elkövetnünk őket. Úgyszintén, még a triviális bűnökből is hatalmas bűnök lehetnek, ha felhalmozzák őket. Ezért, minden pillanatban az igazságon belül kell maradnunk.

5. Művelés

Az emberi művelés az összes folyamatra vonatkozik, amelyben Isten létrehozta az emberi lényeket a földön, és irányítja az emberi történelmet az Ítélet napjáig, hogy igaz gyermekeket nyerjen.

A művelés az a folyamat, amikor egy farmer elveti a magot, és a verejtéke révén majd betakarítja a termést. Isten is elvetette az első magot, akiket Ádámnak és Évának hívnak, hogy ezen a földön, hogy az Ő verejtékének árán, amivel kiműveli őket a földön, igaz gyermekeket kapjon. Az emberek művelését a mai napig műveli Isten. Isten előre tudta, hogy az emberek korruptak lesznek az engedetlenség miatt, és hogy Őt fogják siratni. Azonban Ő az embereket egészen a végig műveli, mivel Ő tudja, hogy lesznek igaz gyermekek, akik eldobják maguktól a gonoszt, az Isten iránti szeretetükkel, és akiknek a szíve Isten szíve.

Az embert a föld porából teremtették, és ily módon olyan a természete, mint a földnek. Ha elveted a magot a talajba, a magok kikelnek, megnőnek, és gyümölcsöt hoznak. Láthatjuk, hogy a talajnak megvan a hatalma, hogy új életet adjon. A talaj jellemzői annak megfelelően változnak, hogy mit adunk hozzá. Az emberrel is ugyanez a helyzet. Azok, akik gyakrabban dühösek, több ingerültség lesz a természetükben. Azok, akik gyakran hazudnak, hamisabbá válik a természetük. Miután Ádám elkövette a bűnt, ő és a leszármazottai mind húsbeli emberekké váltak, és a hamisság nagyon hamar befoltozta őket.

Ebből kifolyólag az embereknek művelniük kell a szívüket, és vissza kell szerezniük a szellem szívét az „emberi művelés" által. Végül is, az ok, amiért az embereket művelik ezen a földön az, hogy a szívük művelésével visszaszerezzék a tiszta szívet, amellyel Ádám bírt az esése előtt. Isten azért adta a példabeszédeket a Bibliában, amelyek az emberi műveléssel kapcsolatosak, hogy megértsük az Ő gondviselését az emberi művelésben (Máté 13; Márk 4; Lukács 8).

Máté 13-ban Jézus összehasonlítja az emberi szívet az út szélével, egy sziklás mezővel, tüskés mezővel, és végül a jó talajjal. Ellenőriznünk kell, hogy milyen talajunk van, és olyan talajjá kell szántanunk, amilyent Isten akar.

Négyféle szívmező

Először, az útszél az a kemény föld, amelyen az emberek hosszú ideig járnak. Valójában nem is mező, és mag nem fog kikelni belőle. Az élet munkája nincs meg benne.

Spirituális értelemben az útszél azoknak a szívére utal, akik egyáltalán nem fogadják el az evangéliumot. A szívük olyan kemény az egójuk és a büszkeségük miatt, hogy az evangélium magját nem vetik el. Jézus idejében a zsidó vezetők nagyon makacsok voltak, kitartottak a véleményük és tradíciók mellett, ezért visszautasították Jézust és az evangéliumot. Manapság azok, akiknek a szíve olyan, mint az út széle, olyan makacsok, hogy nem nyitják ki az elméjüket, és visszautasítják az evangéliumot még akkor is, ha megmutatják nekik Isten hatalmát. Az út széle nagyon kemény, a magok ezért nem hatolhatnak be a földbe. A madarak fölszedik a magokat. Itt a madarak a Sátánra vonatkoznak. A Sátán elveszi Isten szavát, hogy az emberek ne nyerhessenek hitet. Elmennek a templomba, de nem hisznek Isten szavában, amelyet ott prédikálnak. Ehelyett ítélkeznek a lelkészen vagy az üzeneten, amelyet hallanak, a saját ötleteik alapján. Azok, akiknek kemény a szíve és nem nyitják meg az elméjüket, nem üdvözülhetnek végül, mert az Ige magja nem terem semmilyen gyümölcsöt számukra.

Másodszor, a sziklás mező egy kissé jobb, mint az út széle. Az az ember, aki olyan, mint az út széle, nem szándékozik elfogadni Isten szavát, de aki olyan, mint a sziklás föld, megérti az Ő Szavát. Ha sziklás talajba veted a magokat, a magok kikelnek itt-ott, de nem fognak szépen növekedni. Márk 4,5-6 ezt tartalmazza: *"Némely pedig a köves helyre esék, a hol nem sok földje vala, és hamar kikele, mivel nem vala mélyen a földben. Mikor pedig fölkelt a nap, elsűle, és mivelhogy nem volt gyökere, elszárada."*

Azok, akiknek sziklás talajú a szíve, megértik Isten szavát, de nem fogadják el hittel. Márk 4,17 ezt tartalmazza: *"...De nincsen ő bennük gyökere, hanem ideig valók; azután ha nyomorúság vagy háborúság támad az íge miatt, azonnal megbotránkoznak."* Itt az „ige" Isten Szavára vonatkozik, amely olyan dolgokat tanácsol nekünk, mint: „Tartsd meg a szombatot, teljes adományokat adományozz, ne bálványozz bálványokat, szolgálj másokat, és te magad légy szerény." Ha az Isten Szavára

A hús megalkotása

hallgatnak, azt hiszik, meg fogják tartani az Ő Szavát, azonban nem tudják az elhatározásukat megőrizni, ha nehézségekkel találják magukat szemben. Örülnek, ha Isten kegyelmében részesülnek, azonban a nehézségek közepette hamarosan megváltoztatják az attitűdjüket. Hallották, és tudják az Ő Szavát, de nincs meg az erejük, hogy gyakorolják azt, mivel az Ő Szavát nem gyakorolták, mint biztos hitet.

Harmadszor, azok, akiknek a szíve olyan, mint a tüskés mező, megértik isten Szavát, és elkezdik gyakorolni azt. Azonban nem tudják teljes mértékben gyakorolni azt, és így nem terem szép gyümölcs nekik. Márk 4,19 ezt tartalmazza: „*De a világi gondok és a gazdagság csalárdsága és egyéb dolgok kívánsága közbejővén, elfojtják az ígét, és gyümölcstelen lesz.*"

Azok, akiknek ilyen a szívmezejük, úgy tűnnek, hogy jó hívők, akik gyakorolják Isten szavát, de így is megpróbáltatásokon kell átmenniük, és a spirituális fejlődésük lassú. Ez azért van, mert a világi aggodalmak miatt nem tapasztalják meg Isten munkáját, valamint a gazdagság csalafintasága miatt, és más dolgok iránti vágyakozásuk miatt. Például, tegyük fel, hogy a vállalkozásuk csődbe megy, és börtönbe kerülnek. Itt, ha a helyzet megengedi, hogy egy kis fortéllyal visszafizessék az adósságukat, és a Sátán megkísérti őket ezzel, akkor nagy valószínűséggel engednek a kísértésnek. Isten csak akkor segíthet nekik, ha az igaz utat követik, függetlenül attól, hogy milyen nehéz ez, de ők bedőlnek a Sátán kísértésének.

Még ha meg is van bennük az akarat, hogy Isten szavának engedelmeskedjenek, nem tehetik ezt hittel, mert az elméjük tele van emberi gondolatokkal. Azt imádkozzák, hogy mindent Isten kezébe tesznek, azonban először a saját tapasztalatukat és elméleteiket használják fel. A saját terveiket előtérbe helyezik, így a dolgaik nem mennek jól, bár lehet, hogy eleinte úgy tűnik, hogy minden rendben van. Jakab 1,8 azt mondja: ezek az emberek kétszívűek, állhatatlanok. Amikor a tüskék nem keltek még ki rendesen, úgy tűnik, hogy nincs különösebb veszély. Azonban ha felnőnek, a helyzet teljesen más lesz. Bokorrá nőnek, és megakadályozzák a jó magoknak, hogy felnőhessenek. Ezért, ha bármi olyan van, ami meggátol bennünket abban, hogy Isten szavának engedelmeskedjünk, azonnal ki kell húznunk, akkor is, ha triviálisnak tűnik.

Negyedszerre, a jó talaj olyan talaj, amely termékeny, és a farmer által jól felszántott. A megkeményedett földet felszántják, és a sziklákat és tüskéket eltávolítják. Azt jelenti, hogy tartózkodsz azoktól a dolgoktól, amelyeket Isten megtilt, és eldobod magadtól azokat a dolgokat, amelyeket Isten kér, hogy eldobd. Nincsenek sziklák vagy más akadályok, és ezért – amikor Isten szava ráesik – olyan gyümölcsöket terem, amelyek 30, 60, 100-szor nagyobbak, mint amit elvetettek. Az ilyen emberek megkapják a válaszokat az imádságukra.

Annak érdekében, hogy leellenőrizzük: hogyan műveltük a jó talaj szívét, meg kell néznünk: hogyan gyakoroltuk az Isten

A hús megalkotása

szavát. Minél jobb földet műveltél, annál könnyebb az Isten szava szerint élned. Van, aki ismeri az Ő szavát, de nem tudja gyakorlatba ültetni azt, mert fáradt, lusta, hamis, és hamisak a vágyai. Azok, akiknek jó talajú a szíve, nincs ilyen akadályuk, tehát ők azonnal megértik, és gyakorolják is Isten szavát, ahogy tudomást szereztek róla. Ahogy rájönnek, hogy valami Isten akarata, és Isten kedvére való, egyszerűen megteszik azt.

Ahogy a szívedet műveled, elkezded szeretni azokat, akiket egykor utáltál. Meg tudsz bocsájtani azoknak, akiknek korábban nem tudtál. Az irigység és ítélkezés szeretetté és kegyelemmé alakul át. A gőgös elme alázattá és szolgálattá alakul. Ha így dobjuk el a gonoszt magunktól, hogy a szívünket körülmetéljük, ezzel a szívünk talaját műveljük, hogy jó termőtalaj váljon belőle. Ekkor, ha Isten szavának magja bekerül a jó földbe, ki fog kelni, és hamar megnő, hogy a Szentlélek kilenc gyümölcsét bőségesen teremje, amelyek a Fény gyümölcsei.

Ahogy a szívedet jó talajjá változtatod, fentről spirituális hitet kapsz. Buzgón imádkozhatsz, hogy Isten hatalmát lehozd, meghalld a Szentlélek tiszta hangját, és Isten akaratát megvalósítsd. Ezek az emberek azok a gyümölcsök, amelyeket Isten akar betakarítani az emberi művelés által.

Az edény jellege: a szív mezeje

A szívünk művelésében egy nagyon fontos dolog az edény

jellege. Az edény jellege összefügg az anyag jellegével, amelyből az edény készült. Megmutatja nekünk, hogyan hallgatja valaki Isten szavát, hogyan jegyzi azt meg, és hogyan gyakorolja. A Biblia az arany-, ezüst-, fa-és agyagedény hasonlatával él (2 Timóteus 2,20-21).

Mindannyian Isten ugyanazon Szavát hallgatják, de különböző képpen hallják meg. Egyesek „ámennel," míg mások engedik, hogy elillanjon, mivel nem egyezik meg a saját gondolataikkal. Vannak, akik komoly szívvel meghallgatják, és megpróbálják gyakorolni azt, míg mások áldottnak érzik magukat az üzenet által, de hamarosan el is felejtik azt.

Ezek a különbségek az edény anyagának különbségéből adódnak. Ha Isten Szavára összpontosítasz, amit hallasz, másképp fog elvetődni a szívedben, mintha a Szavát szédülve, homályosan hallanánk. Még ha ugyanazt az üzenetet hallgatjuk is, az eredmény nagyon különbözik akkor, ha mélyen a szívünkben őrizzük, vagy véletlenül meghalljuk.

Az apostolok cselekedetei 17,11 ezt tartalmazza: *„Ezek pedig nemesb lelkűek valának a Thessalonikabelieknél, úgymint kik bevevék az ígét teljes készséggel, naponként tudakozva az írásokat, ha úgy vannak-é ezek."* És a Zsidókhoz írt levél 2,1 ezt tartalmazza: *„Annakokáért annál is inkább szükséges nékünk a hallottakra figyelmeznünk, hogy valaha el ne sodortassunk."*

Ha szorgalmasan hallgatod Isten szavát, jól megjegyzed azt, és úgy gyakorlod, ahogy van, akkor mondhatjuk, hogy jó edénykaraktered van. Azok, akiknek jó karakterű az edényük,

A hús megalkotása

engedelmeskednek Isten szavának, és így gyorsan művelik a szívük jó földjét. Amikor a szívük talaja már jó, természetesen mélyen a szívükben megtartják Isten szavát, és gyakorolják azt. Az edény jó karaktere segít a jó talaj kialakításában. Ahogy Lukács 2,19-ben látjuk: *"Mária pedig mind ez ígéket megtartja, és szívében forgatja vala,"* Szűzmáriának jó edénye volt, megtartotta Isten Szavát az elméjében, és megkapta az áldást, hogy a Szentlélek segítségével megfoganjon benne a Szentlélek. Az 1 Korinthusi 3,9 ezt tartalmazza: *"Mert Isten munkatársai vagyunk: Isten szántóföldje, Isten épülete vagytok."* Olyan föld vagyunk, amelyet Isten művel. Ha meghallgatjuk Isten szavát, megjegyezzük és gyakoroljuk azt, tiszta és jó szívünk lehet, mint a jó föld, és az edényünk aranyból lehet, valamint Isten nemes célokra használhat fel bennünket.

A szív karaktere: az edény mérete

Van egy másik fogalom, amely kapcsolatban áll az edény jellegével. Ez azzal kapcsolatos, hogy mennyire nyitja ki és használja valaki a szívét. Az edény jellege az edény anyagától függ, míg a szív jellege az edény méretétől függ. Négy félét különböztetünk meg.

Az első kategóriába azok tartoznak, akik többet tesznek, mint amennyit meg kell tenniük. Ez a szívbeli karakter legjobbja. Például a szülők megkérik a gyerekeiket, hogy szedjék fel a szemetet a földről. Ekkor a gyerekek nem csak felszedik a szemetet, hanem fel is takarítják a földet. Túlmennek a szülők elvárásain, így örömöt okoznak a szüleiknek. István és Fülöp csak presbiterek voltak, de olyan hűségesek és szentek voltak, mint az apostolok. Isten szemében gyönyörűséget képviseltek, és nagy hatalmat mutattak, jeleket és csodákat.

A második kategóriában azok vannak, akik csak annyit tesznek meg, amennyit muszáj. Az ilyen emberek felelősséget vállalnak, de nem igazán törődnek másokkal, vagy a környezetükkel. Ha a szüleik megkérik őket, hogy szedjék össze a szemetet, megteszik. El lehet ismerni az engedelmességüket, de nem okoznak nagyobb örömöt Istennek. Néhány hívő ebbe a kategóriába esik a templomban is: csak eleget tesznek a feladataiknak, és nem törődnek semmi mással. Az ilyen emberek nem válhatnak Isten szemében nagy örömforrássá.

A harmadik kategória azokból áll, akik kötelességtudóan megteszik, amit meg kell tenniük. Nem örömmel és nem hálával, hanem panasszal és zsörtölődéssel teszik ezt meg. Az ilyen emberek mindenben negatívak, és fukarságukban nem áldozzák fel magukat mások segítségében. Ha bizonyos feladatokat kapnak, kötelességtudóan megvalósítják azokat, de valószínűleg nehéz napokat okoznak másoknak. Isten a szívünket nézi. Örül, amikor teljesítjük a feladatainkat a saját akaratunkból, az Isten iránti szeretetünkből ahelyett, hogy erőltetve éreznénk magunkat, vagy csak azért tennénk meg, mert muszáj.

A hús megalkotása

A negyedik kategória azok, akik gonoszat cselekszenek. Az ilyen embereknek nincs felelősségérzete. Másokra sincsenek tekintettel. Kitartanak a saját gondolataik és elméleteik mellett, és nehézségeket okoznak másoknak. Ha ezek az emberek lelkészek vagy olyan vezetők, akik vigyáznak a templomtagokra, nem tehetik szeretettel ezt, ezért elveszítik a lelkeket, vagy azt okozzák nekik, hogy megbotoljanak. Mindig másokat fognak okolni a rossz eredményekért, végül meg elfordulnak a feladataiktól. Ezért jobb, ha először nem adunk nekik semmilyen feladatot.

Nézzük meg: milyen a saját szívünk karaktere. Ha nem is elég széles a szívünk, még mindig nagyobbá tehetjük. Azért, hogy ezt megtegyük, alapvetően fel kell hogy szenteljük a szívünket, és jó karakterű edényünknek kell lennie. Nem lehet jó karakterű a szívünk, amíg az edényünk karaktere rossz. Ha minden munkánkban odaadással feláldozzuk magunkat szenvedéllyel, ez is egy módja a jó szív kialakításának.

Akiknek jó a szívük karaktere, jó dolgokat vihetnek véghez Isten előtt, és Istent nagyban dicsőíthetik. Ez volt a helyzet Józseffel. Józsefet eladták Egyiptomba a saját testvérei, és Potifár rabszolgája lett, aki a fáraó testőreinek volt a kapitánya. Azonban ő nem panaszkodott az élete miatt, csak azért, mert ez történt vele. A feladatát olyan hűségesen látta el, hogy a gazdája hitt neki, és a háztartás minden ügyének a felelősévé tették. Később igazságtalanul megvádolták és börtönbe vetették, de ugyanolyan hűséges maradt, mint korábban, és végül Egyiptom miniszterelnöke lett. Megmentette az országot és a családját a

81

súlyos aszálytól, és lefektette az alapjait Izrael államnak. Ha nem lett volna jó szíve, csak megtette volna azt, amit a gazdája kért tőle. Meghalt volna rabszolgaként Egyiptomban, vagy az életét börtönben töltötte volna. Azonban Józsefet Isten nagyban felhasználta, mivel legjobbat cselekedte Isten előtt, minden esetben, és jó szívből cselekedett.

Búza vagy pelyva?

Ádám bukása óta Isten az emberi lényeket műveli a fizikai térben. Amikor eljön az idő, elválasztja a búzát a pelyvától, és a búzát a mennyországba, a pelyvát meg a pokolba juttatja. Máté 3,12 ezt tartalmazza: *"A kinek szóró lapát van az ő kezében, és megtisztítja az ő szérűjét; és az ő gabonáját csűrbe takarítja, a polyvát pedig megégeti olthatatlan tűzzel."*

Itt a búza azokra vonatkozik, akik szeretik Istent, és gyakorolják a Szavát, hogy az igazságban éljenek. Ezzel ellenkezőleg, akik nem az Igének megfelelően élnek, hanem a gonoszságban, nem az igazság szerint, és akik nem fogadják el Jézus Krisztust, viszont elkövetik a húsbeli bűnöket, a pelyvához tartoznak.

Isten azt akarja, hogy mindenki búzává váljon, és üdvözüljön (1 Timóteus 2,4). Ez olyan, mint amikor a földműves be akarja takarítani az összes magot, amit elvetett. A betakarítás idején mindig van pelyva, és az emberi civilizáció során sem lesz mindenkiből búza, ami üdvözülhet.

Ha nem jövünk rá erre a pontra az emberi civilizációban,

A hús megalkotása

lehet, hogy fel kell tennünk a következő kérdést: „Azt mondják, hogy Isten a szeretet, miért mentene meg egyeseket, míg másokat a pusztulásba kerget? Azonban az egyéni üdvösség nem Isten kedvétől függ. Mindenkinek a saját szabad akaratától függ. Mindenki, aki a fizikai térben él, el kell hogy döntse, hogy a mennyországba vagy a pokolba követi az utat.

Jézus ezt mondta a Máté 7,21-ben: *„Nem minden, a ki ezt mondja nékem: Uram! Uram! megyen be a mennyek országába; hanem a ki cselekszi az én mennyei Atyám akaratát."* És Máté 13,49-50-ben: *„Így lesz a világ végén is: Eljőnek majd az angyalok, és kiválasztják a gonoszokat az igazak közül. És a tüzes kemenczébe vetik őket; ott lészen sírás és fogcsikorgatás."*

Itt az „igazak" a hívőkre vonatkozik. Azt jelenti: Isten ki fogja választani a pelyvát a hívők közül. Bár lehet, hogy elfogadják Jézus Krisztust, és járnak templomba, még mindig gonoszok, ha nem követik Isten szavát. Ők csak a pelyvát képezik, amelyet a pokol tüzébe kell dobni.

Isten megtanít bennünket a Teremtő szívére, az emberi művelés gondviselésére, valamint az élet értelmére a Bibliában végig. Azt szeretné, ha az edényünk jó anyagból lenne, valamint a szívünk is jó lenne, és úgy élnénk, mint igaz gyermekei Istennek—a búza a mennyei királyságban. Azonban, hányan követnek értelmetlen dolgokat ezen a földön, amelyek tele vannak bűnnel és törvénytelenséggel? Azért van ez, mert a lelkük irányítja őket.

83

Szellem, Lélek és Test I

Második rész

A lélek megalakulása
(A lélek működése a fizikai térben)

Honnan származnak az ember gondolatai?

Virágzó a lelkem?

„Lerontván okoskodásokat
és minden magaslatot,
a mely Isten ismerete ellen emeltetett,
és foglyul ejtvén minden gondolatot,
hogy engedelmeskedjék a Krisztusnak;
És készen állván megbüntetni minden engedetlenséget, mihelyst teljessé lesz
a ti engedelmességtek."
- 2 Korinthusi 10,5-6

Első fejezet
A lélek megalkotása

Mióta az ember szelleme meghalt, a lelke átvette az ember fölötti irányítás szerepét, arra az időre, amíg a fizikai térben létezik. A lélek a Sátán befolyása alá került, és az embereknek különböző lelki működésük lett.

1. A lélek meghatározása

2. A lélek különböző működése a fizikai térben

3. Sötétség

A lélek megalakulása

Láthatjuk Isten teremtésének csodáit, amikor a denevéreket látjuk, amelyek az ekolokálizációs rendszerükkel találják meg az áldozatukat. Vagy láthatjuk a lazacot, vagy a madarakat, ahogy több ezer mérföldet repülnek, hogy visszatérjenek a születési és tenyésztési helyükre, valamint fakopáncsokat, amelyek egyetlen perc alatt majdnem ezerszer megkopogtatják a fatörzset.

Az embert arra teremtették, hogy mindezeket a teremtményeket leigázza. Az ember külső megjelenése nem olyan erős, mint a tigriseké vagy az oroszlánoké. A hallási vagy szaglási érzékszervei nem olyanok, mint a kutyának. Ennek ellenére az összes teremtmény urának hívjuk az embert.

Ez annak tudható be, hogy olyan lelki és agyi képessége van, amely magasabb szintű agyi funkcióra utal. Az ember intelligens, és képes olyan civilizáció és tudomány kialakítására, amely az összes dolgot uralja. Ez az ember gondolkodó része, amely összefügg a „lélekkel."

1. A lélek meghatározása

Az agyban lévő memória eszközt, a memóriában lévő tudást, és a gondolatokat, amelyek akkor keletkeznek, amikor az ismeretet előhívjuk, összességében a „léleknek" hívjuk.

Azért kell megértenünk világosan a kapcsolatot lélek, szellem és test között, hogy világosan megérthessük a lélek működését. Ezzel visszaszerezzük a lélek olyan fajta működését, amelyet Isten szeret. Hogy elkerüljük, hogy a Sátán ellenőrizzen bennünket a lelkünkön keresztül, a szellemünknek kell úrrá válnia, és a lelkünk felett uralkodnia kell.

A *Merriam-Webster's Dictionary* a következő képpen definiálja a „lelket:" „az anyagon kívüli lényege egy egyéni életnek, az emberi lényekben, az összes racionális és spirituális lényben vagy az univerzumban foglaltatott spirituális princípium." Azonban a lélek bibliai értelmezése különbözik a fentiektől.

Isten egy memória eszközt helyezett el az emberi agyban. Az agy feladata az, hogy emlékszik a dolgokra. Ily módon az emberek elhelyezhetnek tudást ezen az eszközön, és visszahívhatják azt. Amikor a memória eszközben lévő tartalmat előhívjuk, ezt nevezzük „gondolatnak." Azaz, a gondolatok a memóriából előhívott dolgok. A memóriaeszköz, a rajta levő információ, valamint a teljes tudás visszahívása a „lélek."

Az emberi lélek összehasonlítható az adattárolással, kutatással,

A lélek megalakulása

és az adatok felhasználásával egy számítógépen. Az embereknek van lelke, hogy tudjanak emlékezni és gondolkodni, ily módon a lélek éppen olyan fontos, mint a szív az embereknek.

Attól függően, hogy valaki mennyi adatot látott, hallott, vagy raktározott el, és hogy milyen jól emlékszik erre és használja ezt, valakinek különböző erejű memóriája és intelligenciája lehet, amely teljesen más, mint más embereké. Az Intelligence Quotient vagy IQ leginkább az öröklés által alakul, de megváltoztatható megszerzett dolgokkal, mint a tanulás vagy a tapasztalatok. Lehet, hogy két személy teljesen egyforma IQ-val születik, de attól függően, hogy mennyit próbálkoznak, ez megváltozhat.

A lélek működésének fontossága

A lélek működése más lesz annak megfelelően, hogy milyen tartalmat teszünk a memória eszközbe. Az emberek látnak, hallanak és éreznek dolgokat minden nap. Ezeket a dolgokat később előhívják, hogy megtervezzék a jövőt, vagy hogy gondolkodjanak és különbséget tegyenek a jó és a rossz dolgok között.

A test egy olyan edény, amely tartalmazza a szellemet és a lelket. A lélek nagy szereppel bír a jellem, személyiség és értékítélet kialakulásában a „gondolkodás" funkcióján át. Egy személy sikere vagy bukása nagyban függ attól, hogy hogyan működik a lelke.

Egy kis faluban, amelyet Kódamurinak hívnak, és 110

kilométerre van délnyugatra Kolkajától Indiában, történt a következő incidens. Singh lelkész és a felesége misszionáriusok voltak itt, és hallottak a falusiaktól szörnyekről, akik olyanok voltak, mint az emberek, és a farkasokkal laktak a barlangban. Amikor Singh elfogta a szörnyeket, kiderült, hogy két kislányról volt szó.

A naplója szerint, amelyet a lelkész írt, a kislányok csak külső megjelenésük alapján voltak emberek. A viselkedésük a farkasok viselkedéséhez hasonlított. Egyikük hamarosan meg is halt, a másik, akit Gamarának hívtak, kilenc évvel később halt meg, egy urémiának nevezett vérmérgezés következtében.

Nappal Gamara egy sötét szobában ült, szemben a fallal, mozgás nélkül, és néha elaludt. Azonban éjjel felkelt, és olyan hangosan vonított, mint a farkasok, és közben körbe járt a házban. Az ételt megnyalta, anélkül, hogy hozzáért volna. Négy „mancson" szaladt, mivel a kezeit úgy használta, mint a farkasok az első végtagjaikat. Ha gyerekek közelítettek felé, a fogaival vicsorított, és elhagyta a termet.

A Singhs házaspár igazi emberi teremtményt akart belőle csinálni, de ez nem volt könnyű. Csak három év elteltével kezdett el a kezével enni, és öt év múlva fejezte ki az érzelmeit – bánatot vagy örömet – az arcával. A halálakor csak nagyon alap érzelmeket tudott kifejezni, amelyek hasonlítanak arra, amikor a kutya megcsóválja a farkát, hogy kifejezze az örömét, amikor a gazdáját látja.

Ez a történet azt bizonyítja, hogy az ember lelkének egyenes hatása van arra, hogy milyen ember lesz. Gamara úgy nőtt fel, hogy csak a farkasok viselkedését látta. Mivel nem sajátította el az ember számára szükséges ismereteket, a lelke nem tudott kifejlődni. Mivel a farkasok nevelték, nem tehetett mást, mint farkasként viselkedni.

Az ember és az állatok közötti különbség

Az emberek lélekből, szellemből és testből állnak. Ezek közül a leglényegesebb a szellem. Az emberek szellemét Isten adja, aki szellem, és soha nem oltható ki. A test meghal és visszamegy egy marék porba, de a szellem és a lélek maradnak, és vagy a mennyországba, vagy a pokolba jutnak.

Amikor Isten megalkotta az állatokat, nem úgy lehelte beléjük az élet leheletét, mint az emberekbe, így az emberek csak lélekből és testből állnak. Az állatoknak is van emlékező tehetsége. Emlékeznek arra, amit láttak, hallottak az életük során. Azonban, mivel nincs szellemük, nincs spirituális szívük. Amit látnak és hallanak, csak az agyuk memória egységében kerül elhelyezésre, amely az agysejtekben van.

A Prédikátor 3,21 ezt tartalmazza: „*Vajjon kicsoda vette eszébe az ember lelkét, hogy felmegy-é; és az oktalan állat lelkét, hogy a föld alá megy-é?*" Ez a vers „az ember lelkéről" beszél. A "lehelet," amely az ember lelkét képviseli, azért szerepel itt, mert az Ótestamentum idejében, mielőtt Jézus a földre jött, a szellem, amely az emberekben jelen volt, "halott" volt. Ezért – függetlenül attól, hogy üdvözültek vagy nem –

amikor meghaltak, azt mondták róluk, hogy a "leheletük," vagy a "lelkük" elhagyta őket. Az ember lelke, amely "felfele száll:" azt jelenti, hogy a lelkük nem múlik el, hanem vagy a mennyországba, vagy a pokolba kerül. Másrészt, az állatok lelke lefele megy, a földre, ami azt jelenti, hogy eltűnik. Az agysejtjeik meghalnak, amikor az állat meghal, és az agyban lévő tartalom is megszűnik. A lelkük nem működik többé. Néhány mítoszban vagy történetben fekete macskák vagy kígyók megbosszulják magukat az embereken, azonban az ilyen történeteket nem szabadnak igaznak gondolni.

Az állatoknak működik a lelke, de egy korlátolt szintű működésre van csak szükségük a túléléshez. Az ösztön eredménye ez. Ösztönösen félnek a haláltól. Lehet, hogy ellenállnak, vagy félelmet mutatnak, amikor megfélemlítik őket, de soha nem állhatnak bosszút. Az állatoknak nincs szelleme, ezért soha nem kereshetik Istent. Gondolnak a halak úszás közben Istenre? Az ember azonban teljesen más működéssel bír a lelki működést tekintve, amely sokkal bonyolultabb, mint az állatok esetében. Az embernek megvan a képessége, hogy olyan dolgokra gondoljon, amelyek nem csak ösztönös túlélési dolgok. Ki tud alakítani civilizációkat, tud az élet értelmén gondolkodni, és képes a filozófiai vagy vallásos gondolkodásra is.

Az ember lelki működése magasabb szintű, mert a lelke és a teste mellett őt szellemmel is megáldották. Még azok is, akik nem hisznek Istenben, rendelkeznek lélekkel. Ez megmagyarázza

A lélek megalakulása

bizonyos mértékig, hogyan érzékelik homályosan a spirituális birodalmat, és félnek a halál utáni élettől. Olyan szellemmel, amely majdnem halott, teljesen a lelkük kontrollálja őket. Mivel a lelkük ellenőrzése alatt állnak, bűnöznek, és végül a pokolra jutnak.

Lelki emberek

Amikor Ádámot megalkották, olyan spirituális lény volt, aki tudott kommunikálni Istennel. Azaz, a szelleme volt az ura, és a lelke olyan volt, mint a szolga, amely engedelmeskedett az urának. Természetesen még a lelkének is megvolt a funkciója, amellyel emlékezett és gondolkodott, de – mivel nem volt benne hamisság vagy gonosz gondolatok – a lélek csak követte a szellem utasításait, amely Isten szavának engedelmeskedett.

Azonban, miután Ádám evett a jó és a rossz tudásának fájáról, aminek következtében meghalt a szelleme, lelki emberré vált, és a Sátán ellenőrzése alá került. Elkezdett gondolkodni, és hamisan cselekedni. Az ember szándékosan eltávolította magát az igazságtól, mivel a Sátán ellenőrzése alá került, és a hamisság útjára lépett. Ezért a lelki emberek azok, akiknek a szelleme meghalt, és nem lehet övék a szellemi tudás Istentől.

A lelki emberek, akiknek meghalt a szelleme, nem üdvözülhetnek. Ez volt az eset Ananiásszal és Zafírával is, a korai egyház idején. Hittek Istenben, de nem volt igaz hitük. A Sátán felbujtotta őket, hogy hazudjanak a Szentléleknek és Istennek. Mi történt velük?

Az apostolok cselekedetei 5,4-5 ezt tartalmazza: *"Nemde megmaradva néked maradt volna meg, és eladva a te hatalmadban volt? Miért hogy ezt a dolgot cselekedted szívedben? Nem embereknek hazudtál, hanem Istennek. Hallván pedig Anániás e szavakat, lerogyott és meghala; és mindenekben nagy félelem támada, kik ezeket hallják vala."* Mivel csak azt mondja, hogy „meghala," arra következtethetünk, hogy nem üdvözült. Ellenkezőleg, István szellemi ember volt, aki engedelmeskedett Isten akaratának. Elég szeretet volt benne ahhoz, hogy imádkozzon azokért, akik kővel megdobálták őt. Amikor mártírrá vált, a „szellemét" az Úr kezébe rakta.

Az apostolok cselekedetei 7,59 ezt tartalmazza: *"Megkövezék azért Istvánt, ki imádkozik és ezt mondja vala: Uram Jézus, vedd magadhoz az én lelkemet!'"* Megszállta a Szentlélek, amikor elfogadta Jézus Krisztust, és a szelleme újjáéledt, és így imádkozott: „...fogadd el a szellememet!" Azt jelenti, hogy üdvözült. Van egy vers, amely csak azt említi: „élet" a „szellem" helyett. Amikor Illés Zarefát özvegyének gyermekét felélesztette, a gyerek élete visszatért. *"És meghallgatta az Úr Illés szavát, és megtért a gyermekbe a lélek, és megélede"* (1 Királyok 17,22).

Amint láttuk, az Ótestamentum idejében az embereket nem szállta meg a Szentlélek, és a lelkük nem éledhetett fel újra. A Biblia nem azt mondja, hogy „szellem," bár a gyerek üdvözült.

A lélek megalakulása

Miért parancsolta azt Isten, hogy az összes amalekitát pusztítsák el?

Amikor Izrael fiai kijöttek Egyiptomból, és a Kánaán felé gyalogoltak, az amalekiták serege az útjukba állt. Nem féltek Istentől, aki Izrael fiaival volt, miután meghallotta Isten nagyszerű munkáinak hírét Egyiptomban. Megtámadták Izrael fiait az elmaradozók között, hátulról, amikor gyengék és elgyötörtek voltak (Deuteronomé 25,17-18).

Isten megparancsolta Saul királynak, hogy pusztítsa el az összes amalekitát emiatt (1 Sámuel 15. fejezet). Isten megparancsolta neki, hogy az összes embert ölje meg, nőket és gyerekeket is beleértve, fiatalt és öreget, és még az állataikat is.

Ha nem értjük a szellemet, nem érthetjük meg ezt a parancsot. Lehet, hogy ezt gondoljuk: „Isten jó, és Ő a szeretet maga. Miért adna ilyen parancsot, hogy kegyetlenül öljék meg őket, mintha állatok lennének?"

Azonban, ha megértjük ennek az incidensnek a spirituális jelentőségét, akkor megértjük Isten parancsát is. Az állatoknak is van memóriája, és ha betanítjuk őket, emlékeznek a tulajdonosuk parancsára. Azonban, mivel nekik nincs szellemük, egy marék porba mennek vissza. Isten előtt nincs értékük. Hasonlóan, azok, akiknek a szelleme halott, és akik nem üdvözülhetnek, a pokolba esnek, és mint a szellem nélküli állatok, nincs értékük Isten számára.

Az amalekiták különösen ravaszok és kegyetlenek voltak. Függetlenül attól, hogy mennyi időt kaptak, nem volt esélyük sem a megtérésre és a bűnbánatra. Ha lett volna valaki, aki igazságos volt, vagy valaki, akinek lett volna lehetősége bűnbánatra vagy megtérésre, Isten megpróbálta volna megmenteni őket, mindenféleképpen. Emlékezz Isten ígéretére, hogy nem fogja elpusztítani a bűnös Szodomát és Gomorát, amennyiben lesz tíz igaz ember a városban.

Isten tele van kegyelemmel, és nehezen lehet dühbe gurítani. De az amalekitáknak esélye sem volt az üdvösségre, mindegy, hogy mennyi idő állt a rendelkezésükre. Nem a búzát, a pelyvát jelentették, amely a pusztulásba fog hullani. Ezért parancsolta meg Isten, hogy az összes amalekitát öljék meg, akik Isten ellen álltak.

A prédikátorok könyve 3,18 ezt tartalmazza: *„Így szólék azért magamban: az emberek fiai miatt [van ez így], hogy kiválogassa őket az Isten, és hogy meglássák, hogy ők magokban véve az oktalan állatok[hoz hasonlók]."* Amikor Isten letesztelte őket, nem különböztek az állatoktól. Azok, akiknek a szelleme halott, csak lélekkel és testtel működnek, mint az állatok. Természetesen a mai bűnnel teli világban sok olyan ember van, akik még az állatoknál is rosszabbak. Egyértelmű, hogy nem üdvözülhetnek. Egyrészt, az állatok meghalnak és eltűnnek. Másrészt, ha nem üdvözülnek, az embereknek a Pokolba kell menniük. Végül sokkal rosszabbul járnak, mint az állatok.

2. A lélek különböző működése a fizikai térben

Az eredeti emberben a szellem volt az úr, azonban Ádám bűne miatt a szellem meghalt. A spirituális energia elkezdett kiszivárogni, és a húsbeli energia helyettesítette. Innentől kezdve elkezdődött a lélek működése a hamisság jegyében.

A lélek működésének két formáját különböztetjük meg. Egyik a húshoz tartozik, a másik a szellemhez. Amikor Ádám egy élő szellem volt, csak az igazságot kapta Istentől közvetlenül. Ily módon a lelke csak úgy működött, ahogy az igazság diktálta. Azaz, a lelke működése igazi volt. Azonban amikor a szelleme meghalt, a lelke elkezdett hamisan működni.

Lukács 4,6 ezt tartalmazza: „*És monda néki az ördög: Néked adom mindezt a hatalmat és ezeknek dicsőségét; mert nékem adatott, és annak adom, a kinek akarom.*" Ez olyan jelenet, amelyben az ördög teszteli Jézust. Az ördög azt mondta, hogy a tekintélyt átadták neki, de nem azt, hogy elejétől fogva az övé volt. Ádámot, mint az összes teremtmény urát teremtették, azonban az ördög rabszolgájává vált, mert engedelmeskedett a bűnnek. Ezért Ádám hatalmát átadták az ördögnek és Sátánnak. Azóta a lélek az ember ura, és minden ember az ellenséges ördög és a Sátán uralkodása alá került.

A Sátán nem uralkodhat a szellem, vagy az ember igaz szíve fölött. Az emberek lelkét azért uralja, hogy a szívüket elvehesse tőlük. A Sátán különböző hamis dolgokat rak az emberek gondolataiba. Olyan mértékben, amennyire magához veszi az ember lelkének működését, az emberek szívét is tudja kontrollálni.

Amikor Ádám élő szellem volt, csak az igazságot ismerte, és így a szíve volt a szelleme. Azonban, mivel az Istennel történő kommunikációját megszigorították, többé nem ismerhette meg az igazságot, vagy a spirituális energiát. Ehelyett a hamisságot ismerte meg, amelyet a Sátán nyújtott neki a lelkén keresztül. A hamisság ilyen fajta tudása a hamisság szívét alakította ki az emberek szívében.

Meg kell szüntetni a lélek húsbeli működését

Mondtál már olyant hirtelen, amit soha nem gondoltál volna, hogy kimondasz vagy megteszel? Ez azért van, mert az embereket a lélek irányítja. Mivel a lélek eltakarja a szellemet, a szellemünk csak akkor lehet aktív, ha eldobjuk magunktól a lélek húsbeli működését. Hogyan tudjuk eltörölni magunkból a lélek húsbeli működését? A legfontosabb dolog az, hogy el kell ismernünk, hogy a tudásunk és az ötleteink nem helyesek. Csak ekkor lehetünk készek, hogy elfogadjuk az igazság szavát, amely különbözik a saját ötleteinktől.

Jézus tanmeséket alkalmazott, hogy az ember rossz ötleteit megsemmisítse (Máté 13,34). Nem tudták a spirituális dolgokat megérteni, mivel az életük magját felfalta a lelkük, így Jézus megpróbálta megmagyarázni nekik, tanmesék által, a világi dolgokat felhasználva bennük. Azonban sem a farizeusok, sem

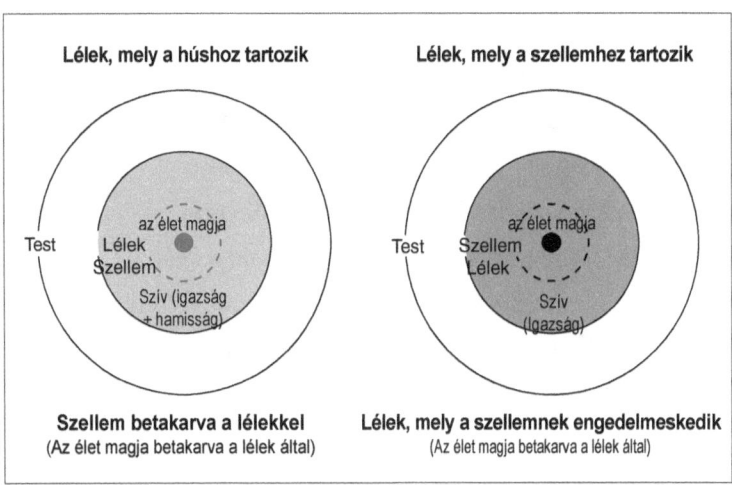

a tanítványai nem értették meg Őt. Mindent a fix ötleteik és húsbeli, hamis gondolataik alapján ítéltek meg, ezért semmit sem értettek meg, ami spirituális volt.

Az akkori idők törvénytudói elítélték Jézust, mert szombaton meggyógyított egy beteg embert. Ha józan ésszel belegondolunk, láthatjuk, hogy Jézus egy olyan ember, akit Isten elismert és szeretett, mivel Ő bemutatta azt az erőt, amit csak Isten tudott. Azonban a törvénytudók nem értették meg Isten szívét a vének tradíciói miatt, és a mentális korlátaik miatt. Jézus megpróbálta rávezetni őket a gondolataik hamisságára, valamint a saját magukról alkotott képük hamisságára.

Lukács 13,15-16 ezt tartalmazza: *"Felele azért néki az Úr, és monda: Képmutató, szombat[nap]on nem oldja-é el mindenitek az ő ökrét vagy szamarát a jászoltól, és nem viszi-é itatni? Hát ezt, az Ábrahám leányát, kit a Sátán megkötözött ímé tizennyolc esztendeje, nem kellett-é feloldani e kötélből szombatnapon?"*

Amint ezt mondta Ő, az összes ellenzője mind megaláztatott, és a teljes tömeg örült a dolgoknak, amelyeket Ő elkövetett. Valójában esélyük volt, hogy rájöjjenek a helytelen mentális kereteikre. Jézus megpróbálta megsemmisíteni az emberek gondolatait, mivel csak akkor nyitották meg a szívüket, amikor a gondolataikat szétverték.

Nézzük meg a Jelenések könyvének 3,20 részét, amely így szól:

Ímé az ajtó előtt állok és zörgetek; ha valaki meghallja az én szómat és megnyitja az ajtót, bemegyek ahhoz és vele vacsorálok, és ő én velem.

Ebben a versben „az ajtó" a gondolatok kapuját jelképezi, azaz a „lelket." Az Úr kopogtat a gondolataink ajtaján az Igazság Szavával. Ha kinyitjuk ekkor az ajtónkat, azaz, ha leromboljuk a lelkünket és elfogadjuk az Úr Szavát, a szívünk ajtaja ki fog nyílni. Ily módon, amikor a Szava a szívünkbe kerül, elkezdjük Isten Szavát gyakorolni. Ezt jelenti az, hogy az Úrral „ebédelünk." Ha csak „ámennel" fogadjuk el a Szavát, még akkor is, ha a szava nincs összhangban a gondolatainkkal, elméletünkkel, le tudjuk bontani a hamis lélekműködésünk falát.

A lélek megalakulása

Amint láttuk, először ki kell hogy nyissuk a gondolataink ajtaját, majd a szívünkét, hogy az evangélium elérje az élet magját, amely az emberek lelkétől van körülvéve. Pont olyan, mint amikor egy vendég meglátogat egy másik házat. Ahhoz, hogy a kint lévő ember találkozhasson a házigazdával, ki kell nyitnia a főkaput, be kell mennie a házba, és a tornác ajtaját is ki kell nyitnia ahhoz, hogy a nappaliba beérjen.

Sok módon le lehet építeni a húsbéli lélek működését. Ahhoz, hogy az emberek kinyissák a gondolataikat és a szívüket, és elfogadják az evangéliumot, van, akinek, jobb, ha logikus magyarázatokkal szolgálunk, míg másoknak jobb, ha megmutatjuk Isten hatalmát, és ezért tanmesékkel és allegóriákkal szolgálunk. Állandóan le kell törnünk a gondolataink hamis működését, miközben a hitünk növekszik, hogy azok is láthassák ezt, akik már elfogadták az evangéliumot. Sok olyan hívő van, aki nem növekszik hitben és szellemben. Ez azért van, mert nincsenek folyamatos spirituális megvilágosodásaik, mivel a lelkük a húsbeli szinten működik.

Az emlékek képződése

Annak érdekében, hogy megfelelő lélekműködésünk legyen, tudnunk kell, hogy a tudás, amit megszerzünk, hogyan válik emlékezetté. Néha biztosan hallunk vagy látunk valamit, azonban később alig emlékszünk valamire, ami ezzel kapcsolatos. Ezzel ellenkezőleg, valamire nagyon világosan emlékezünk, és erre még hosszú idő elteltével is emlékszünk. Ez a különbség onnan adódik, hogy különböző módszerek révén kerülnek a dolgok a memória rendszerünkbe.

Az első módszer, amellyel a memóriánkba juttatunk dogokat az, hogy akaratlanul észreveszünk dolgokat. Látunk vagy hallunk valamit, de nem szentelünk figyelmet neki egyáltalán. Tegyük fel, hogy visszamész a szülővárosodba vonattal. Látod a búzamezőket, és más mezőket. Azonban, ha más gondolatok foglalkoztatnak, miután megérkezel a szülővárosodba, már nem emlékszel arra, amit a vonaton láttál. Ha a diákok álmodoznak az osztályban, nem fognak emlékezni, miről szólt az óra.

Másodszorra: létezik alkalmi memória is. Amikor látod a búzamezőket az ablakon kívül, lehet, hogy kapcsolatba hozod őket a szüleiddel. Az apádra gondolsz, amikor a mezőt látod, mert ő földművelő, ezért később homályosan emlékszel arra, amit láttál. Az osztályban a diákok lehet, hogy csak felületesen emlékeznek arra, amit a tanár mondott. Közvetlenül az óra után emlékeznek arra, amit hallottak, de néhány nap múlva már elfelejtik.

Harmadszorra: a memóriát el lehet ültetni. Ha te is földművelő vagy, amikor búzaföldeket és más termést látsz, figyelni fogsz arra, amit látsz. Gondosan ellenőrzöd, hogyan gondoskodsz a földekről, vagy a melegház hogyan áll, és a saját földművelésedben alkalmazni akarod a tudást. Odafigyelsz,

A lélek megalakulása

és jól elraktározod a tudást az agyadban, hogy emlékezhess a részletekre, még az után is, hogy a szülővárosodba érkezel. Tegyük fel, hogy az osztályban a tanár ezt mondja: „Az óra után tesztet írunk. Öt pontot levonok minden egyes rossz válaszért." A diákok valószínű megpróbálnak koncentrálni, és emlékezni fognak az utasításra. Ez a fajta memória relatíve hosszabban tart, mint az előzőek.

Negyedik fajta memória az, amikor az agyba és a szívbe is ültetünk. Tegyük fel, hogy egy szomorú filmet nézel. Együtt érzel a színésszel, és annyira beleéled magad a történetbe, hogy sírsz is. Ebben az esetben, a történet nem csak a memóriádba, hanem a szívedbe is elültetődik. Azaz, a szívbeli érzésekkel, valamint az agysejtjeidben történő memória tevékenységgel is megjegyzed. Azok a dolgok, amelyek a memóriában és a szívben is elraktározódtak, maradandóak, egészen addig, amíg az agysejtek nem sérülnek meg. Még ha meg is sérül az agy, a szívben lévő dolgok maradnak.

Ha egy fiatal gyermek végignézi, hogy az anyja meghal egy autóbalesetben, milyen sokkot kap! Ebben az esetben a jelenet és a szomorú események, jelenetek el lesznek mélyen raktározva a szívében. A memóriájában, és a szívében is, és nehezen tudja elfelejteni. Megnéztük a memorizálás négy módszerét. Ha nagyon jól megértjük ezt, segíteni fog, hogy a lélek működését megértsük.

Olyan dolgok, amelyeket el akarunk feledni, de állandóan emlékeztetnek rájuk

Néha emlékeztetnek azokra a dolgokra, amelyeket el akarunk felejteni. Miért van ez? Azért, mert az agyban és a szívben is el vannak mélyen ültetve, az érzelmekkel együtt.

Tegyük fel, hogy utálsz valakit. Bármikor rá gondolsz, szenvedsz a gyűlöleted miatt. Ebben az esetben, először Isten szavára kell gondolnod. Isten azt mondja, hogy még a saját ellenségeinket is szeressük, és Jézus azokért imádkozott, akik keresztre feszítették őt, hogy bocsássák meg a bűneiket. Az a szív, amelyet Isten akar, a jóság és szeretet szíve, ezért a hamis szívet meg kell szüntetnünk, mert azt az ellenséges Sátán és az ördög ültette belénk.

A legtöbb esetben, ha elgondolkodunk az alapvető okokon, rájövünk, hogy triviális okok miatt utáljuk ezeket az embereket. Rájöhetünk, mi az, aminek nem engedelmeskedünk Isten szava szerint, ha saját magunkat hozzámérjük ahhoz, ami az 1 Korinthusiakhoz 13. fejezetében van, ami azt mondja, hogy mások előnyeit kell keresnünk, gyöngédnek kell lennünk, és meg kell hogy értsük őket. Ahogy rájövünk, hogy nem igaz módon cselekszünk, a szívünkben lévő gyűlölet fokozatosan elolvadhat. Ha elsősorban jóságot érzünk, és ezt helyezzük előtérbe, nem fogunk szenvedni a gonosz gondolatoktól. Még ha tesznek is valami olyant mások, ami esetleg nem tetszik nekünk, nem fogjuk gyűlölni őket addig, amíg jóságos gondolataink vannak, mint „biztosan megvan az okuk rá."

Tudnunk kell, mi az, amit a hamissággal együtt elfogadunk

Mit kell tennünk a hamis dolgokkal, amelyeket már elraktároztunk, a hamis érzésekkel együtt?

Ha valami mélyen a szívünk mélyén van, akkor is emlékszünk rá, ha tudatosan nem erre gondolunk. Ebben az esetben, meg kell változtatnunk az érzelmeket, amelyek ehhez a dologhoz tartoznak. Ahelyett, hogy megpróbálnánk nem erre gondolni, meg kell változtatnunk a gondolatmenetünket. Például, meg tudod változtatni azt, ahogyan gondolsz arra, akit utálsz. Elkezdhetsz az ő szemszögéből gondolkodni, és megértheted, hogy ebben a helyzetben miért cselekedett úgy, ahogy. Gondolhatsz a helyes gondolataira, és elkezdhetsz imádkozni érte. Ha meleg és vigasztaló szavakkal beszélsz hozzá, és kis ajándékokkal ajándékozod meg, és a szeretet cselekedeteit mutatod neki, a gyűlölet szeretetté változik. Többé már nem szenvedsz, ha rá gondolsz.

Mielőtt elfogadtam az Urat, amíg hét évig az ágyban feküdtem betegen, sok embert utáltam. Nem volt gyógyulás számomra, és minden reménytől meg voltam fosztva az életben. Csak az adósságom növekedett, és a családom majdnem csődbe ment. A feleségem kellett hogy eltartson, és a nagy családom tagjaim nem fogadták szívesen a kis családomat, mert teher voltunk a számukra. A testvéreim közötti jó viszony is megromlott. Abban az időben csak a nehéz helyzetemről tudtam gondolkodni, és haragudtam rájuk, amiért elhagytak. Nehezteltem a feleségemre, mert sokszor felpakolt és elment, és a családtagjaimra, akik kemény szavakkal megsértettek. Amikor azt láttam, hogy megvető szemekkel néznek rám, a gyűlöletem és sértettségem még nagyobb lett. Azonban egy napon ez a gyűlölet és ellenérzés mind elpárolgott. Ahogy az Urat elfogadtam, és meghallgattam Isten szavát, rájöttem a hibámra. Isten azt mondja nekünk, hogy még az ellenségeinket is kell hogy szeressük, és az egyetlen Fiát adta azért, hogy értünk áldozatot hozzon. De milyen ember lehettem, hogy sértődött voltam! Elkezdtem az ő álláspontjukból nézni magamat. Tegyük fel, hogy lett volna egy nővérem, aki egy lehetetlen férjet kapott volna. Nagyon keményen kellett volna dolgoznia, hogy a megélhetést biztosítsa. Mit gondoltam volna erről a helyzetről? Amikor elkezdtem az ő szemszögükből gondolkodni, megértettem őket, és rájöttem, hogy az összes hiba mind tőlem eredt.

Amint a gondolkodásom megváltozott, nagyon hálás lettem a feleségem családjának. Volt, amikor rizzsel vagy más szükséges dologgal láttak el, és nagyon hálás voltam ezért. A nehéz idők alatt elfogadtam az Urat, és megtudtam sokat a Mennyországról, így ezért is hálás voltam. Ahogy az elmém megváltozott, hálás voltam, hogy megbetegedtem, és találkozhattam a feleségemmel. Az összes gyűlöletem szeretetté változott.

A lélek hamis működése

Ha a lelked hamis módon működik benned, nem csak magadnak, hanem a körülötted élőknek is gondokat okozhatsz. Nézzük meg most a lélek hamis működésének megszokott eseteit, amelyeket a mindennapi életben látunk.

Először: mások félreértése, és mások meg nem értése, illetve el nem fogadása

Az emberek különböző ízléseket, értékeket, és a jó különböző koncepcióit alakítják ki magukban. Vannak, akik az egyedi, briliáns dizájnnal rendelkező ruhákat szeretik, míg mások az egyszerű, sima mintákat. Még ugyanazon film esetében is, van, aki érdekesnek, van, aki unalmasnak találja azt.

A különbségek miatt kényelmetlenül érezzük magunkat, mert nagyon mások, mint mi, de észre sem vesszük, hogy ezt érezzük. Vannak, akiknek nyitott és extrovertált természete van, ők közvetlenül beszélnek arról, amit nem szeretnek. Vannak, akik nem fejezik ki oly jól az érzelmeiket, és hosszú ideig döntenek valamivel kapcsolatban, mivel minden lehetőségről részleteiben gondolkodnak. Egyrészt az előző személyeknek a második típus lassúnak tűnhet, vagy nem elég agilisnak. Másrészt, a második típusnak az első gyorsnak és kissé agresszívnek tűnhet, ezért el akarják kerülni azt.

Mint az allegóriában, ez egy hamis működése a léleknek, ha nem tudsz másokat elfogadni vagy megérteni

Másodszor: azt jelenti, hogy ítélkezel

Amikor ítélkezünk, következtetést vonunk le egy személyről vagy dologról, a saját gondolataink vagy érzéseink kereteinek megfelelően. Néhány országban illetlen dolog az orrot fújni, miközben az ebédnél ülünk. Más országokban teljesen rendben van ez. Vannak országok, ahol illetlenség az ételt meghagyni, míg más helyeken udvariasság, ha valamennyi ételt meghagynak.

Egy ember, aki azt látta, hogy egy másik ember a kezével evett, azt kérdezte tőle, hogy nem piszkos dolog-e ezt enni. A másik azt válaszolta: „Megmosom a kezem, tehát tudom, hogy higiénikus. Azt azonban, hogy mennyire tiszta a villa vagy a kés, nem tudhatom. Ezért a kezem higiénikusabb." Attól függően, hogy milyen környezetben nőttünk fel, és milyen dolgokat tanultunk meg, az érzelmek és a gondolatok különbözőek lesznek, még ugyanabban a helyzetben is. Ezért, nem szabad az ember mércéjével ítélkeznünk jó és rossz között, mert az nem igaz.

Vannak, akik úgy ítélkeznek, hogy azt gondolják: mások is ugyanezt tennék. Akik hazudnak, azt hiszik: mások is ugyanezt tennék. Akik a pletykát élvezik, azt gondolják, hogy mások is ezt

A lélek megalakulása

tennék.

Tegyük fel, hogy meglátsz egy férfit és egy nőt, akiket jól ismersz, egy hotelben együtt. Lehet, hogy ítélkezel, és ezt gondolod: „Biztosan együtt voltak a hotelben. Azt láttam, hogy nagyon különlegesen néztek egymásra." Azonban nem tudhatod, hogy nem beszélgettek-e a szálloda kávézójában, vagy nem az utcán botlottak-e egymásba. Ha ítélkezel, és híreket terjesztesz róluk, nagy igazságtalanság lehet ez nekik, és a hamis hírek miatt nagy veszteséget vagy hátrányt szenvedhetnek.

A nem helyes válaszok is az ítélkezésből származnak. Ha megkérdezel egy személyt, aki mindig késve jön munkába: „Mikor érkeztél ma?" lehet, hogy ezt válaszolja: „Nem késtem ma." Csak azt kérdezted, mikor érkezett, de helytelenül azt gondolta, hogy ítélkezel fölötte, és egy teljesen helytelen, oda nem illő választ adott.

1 Korinthusiakhoz 4,5 ezt tartalmazza: *„Mert semmit sem tudok magamra, de nem ebben vagyok megigazulva; a ki ugyanis engem megítél, az Úr az. Azért idő előtt semmit se ítéljetek, míg el nem jő az Úr, a ki egyrészt világra hozza a sötétségnek titkait, másrészt megjelenti a szíveknek tanácsait; és akkor mindenkinek az Istentől lészen a dícsérete."*

Nagyon sok ítélkezés és elítélés van a világon, nem csak egyéni szinten, hanem a családok, társadalmak, politika, és az országok szintjén is. Az ilyen gonoszság csak gondot okoz, és boldogtalanságot hoz. Az emberek állandóan ítélkeznek úgy, hogy közben észre sem veszik: mit tesznek. Természetesen, néha helyesek az ítéleteik, de a legtöbb esetben nem azok. Még ha igazuk is van, az ítélkezést akkor is tiltja Isten, mert gonosz dolog, ezért nem szabad ítélkeznünk.

Harmadszorra: elítélés ez

Az emberek nem csak ítélkeznek mások felett a saját gondolataikkal, hanem el is ítélik őket. Vannak, akik hatalmas mentális fájdalomtól szenvednek az ellenséges megjegyzések eredményeképpen, melyek a neten vannak. Az ítélkezés és elítélés nagyon gyakran megtörténik a mindennapi életünkben. Ha egy személy elmegy melletted anélkül, hogy köszönne, lehet, hogy elítéled őt, mert vétkesnek találod azért, mert szándékosan nem vett észre téged. Lehet, hogy nem ismert fel, de az is lehet, hogy más gondolatok foglalkoztatták őt, de te csak tovább mész, és elítéled őt a saját gondolataid miatt.

Ezért figyelmeztet bennünket Jakab 4,11-12:

> *Ne szóljátok meg egymást atyámfiai. A ki megszólja atyjafiát, és a ki kárhoztatja atyjafiát, az a törvény ellen szól, és a törvényt kárhoztatja. Ha pedig a törvényt kárhoztatod, nem megtartója, hanem bírája vagy a törvénynek. Egy a törvényhozó, a ki hatalmas megtartani és elveszíteni: kicsoda vagy te, hogy kárhoztatod a másikat?*

Ha ítélkezünk mások felett, és elítéljük őket, azt jelenti: arroganciával cselekszünk, mert Isten-szerűek akarunk lenni. Az ilyen emberek már elítélték magukat. Még súlyosabb probléma, ha spirituális dolgokat ítélünk el. Vannak, akik elítélik Isten hatalmas munkáit, megítélik azokat, vagy Isten gondviselését, mert a saját ismeretük keretein belül maradnak.

Ha valaki ezt mondja: „Meggyógyultam egy gyógyíthatatlan betegségből az ima által," azok, akiknek jó a szívük, el fogják hinni ezt. De mások ítélkezni fognak, ezt gondolva: „Hogy gyógyulhat meg betegség kizárólag az ima által? Biztosan félrediagnosztizálták, vagy lehet, hogy csak azt hiszi: jobban van." Mások el is ítélhetik, mondva, hogy hazudik. Még a Vöröstenger szétválását is kommentálták a Biblia tanúsága szerint, a nap és a hold leállását, valamit a keserűvíz édessé válását, mondva, hogy ezek csak mítoszok.

Vannak, akik azt mondják, hisznek Istenben, azonban elítélik a Szentlélek munkáit. Ha egy személy azt mondja: kinyílt a spirituális szeme, és látja a spirituális birodalmat, vagy kommunikál Istennel, nyomban azt mondják: téved, és hogy ez misztikusság. Vannak ilyen munkák a Bibliában rögzítve, azonban amikor így ítélkeznek, a saját egyéni hiedelmük keretei között teszik csak ezt.

Sok ilyen ember élt Jézus idejében. Amikor Jézus meggyógyította a betegeket szombaton, arra kellett volna koncentrálniuk, hogy Jézus tettében Isten hatalma nyilvánult meg. Ha nem Isten akarata szerint volt, ilyen munka meg sem valósulhatott volna Jézus Krisztus által. Azonban a farizeusok elítélték Jézust, Isten fiát, a saját eszméik alapján, valamint a mentális kereteiknek megfelelően. Ha elítéled Isten munkáit, ha csak azért is teszed, mert nem ismered az igazságot még jól, még így is nagy bűnnek számít. Nagyon óvatosnak kell lenned, mert nem lesz lehetőséged bűnbánatra, ha a Szentlélek ellen vagy, ellene beszélsz, vagy meggyalázod őt.

A lélek negyedik működése a hamisságban az, hogy hibás üzenetet közvetítünk.

Amikor üzenetet adunk át, hajlamosak vagyunk a saját érzelmeinket és gondolatainkat beléjük helyezni, ezáltal az üzenet eltorzul. Még ha teljesen ugyanazt az üzenetet is adjuk át, az eredeti üzenet megváltozhat, az arckifejezésünk és hanglejtésünk miatt. Például, ha valakit ugyanazzal a szóval hívunk, mint például „helló!" de ezt különböző hangnemben tesszük, például először barátságos, puha hangon, majd kemény és dühös hangon, teljesen más jelentést adunk ezzel a szavainknak. Továbbá, ha nem tudjuk ugyanazokat a szavakat még egyszer elmondani, hanem a saját szavainkat használjuk, az eredeti jelentés így is megváltozik.

A mindennapi életünkben is megtalálhatjuk ezeket a példákat, mint például az elhangzottak eltúlzása vagy megrövidítése. Néha a kontextus teljesen megváltozik. „Nem igaz?" ez a kérdés erre változik: „Igaz, ugye?" és „Tervezzük, hogy..." erre változik: „Úgy

néz ki, hogy..."
Ha a szívünk igaz, nem fogjuk a tényeket elferdíteni a saját gondolkodásunkkal. Sokkal pontosabban leszünk képesek az üzeneteket átadni, mivel a gonosz szívtől és tulajdonságoktól megszabadulunk, mint amilyen a saját előnyünk keresése, a pontatlanság, gyors ítélkezés, és másokról rosszindulatú dolgok terjesztése. János 21,18-tól kezdve az Úr Jézus szavát látjuk, mely Péter mártírságáról szól. Ezt mondja: *„Bizony, bizony mondom néked, a mikor ifjabb valál, felövezéd magadat, és oda mégy vala, a hova akarád; mikor pedig megöregszel, kinyújtod a te kezedet és más övez fel téged, és oda visz, a hová nem akarod."* Péter kíváncsi lett Jánosra, és egy kérdést tett fel neki. *„Uram, ez pedig mint [lészen?]"* (21. vers) *„Ha akarom, hogy ő megmaradjon, a míg eljövök, mi közöd hozzá? Te kövess engem!"* (22. vers) Hogyan volt ez az üzenet átadva a többi tanítványnak, mit gondolsz? A Biblia azt mondja: azt mondták, hogy a tanítvány nem fog meghalni. Jézus azt gondolta, hogy nem Péter dolga Jánosra vigyázni, még ha addig is élne János, amíg az Úr visszatér. Azonban a tanítványok egy teljesen hibás üzenetet közvetítettek azzal, hogy a saját gondolataikat hozzáadták.

Az ötödik a negatív érzelmek és a nehéz gondolatok

Mivel húsbeli, rossz érzelmeink vannak, mint a csalódottság, a büszkeségünk miatti fájdalmunk, a féltékenység, düh, ellenségesség, ezért a lelkünk működése hamis. Még ugyanazért a szóért is, amit hallunk, a reakciónk különböző lesz, az érzelmeinknek megfelelően.

Tegyük fel, hogy egy főnök a cégben ezt mondja a munkásának: „Nem tudsz jobb munkát végezni?" és rámutat egy hibára. Ebben a helyzetben, vannak, akik alázattal fogadnák ezt, mosolyognának, és ezt mondanák: „Igen, következő alkalommal jobban igyekszem majd." Azonban azok, akik panaszkodtak a főnökre, lehet, hogy ellenérzéseket hallottak a megjegyzésekkel kapcsolatban. Lehet, hogy ezt gondolják: „Ilyen csúnyán kell beszélnie?" vagy „És mi van vele? Még a saját munkáját sem végzi el rendesen."

Vagy a főnök tanácsot ad neked, mondván: „Azt hiszem, jobb lenne, ha ezt a részt ilyen módon javítanád ki." Akkor, lehet, hogy néhányan közületek egyszerűen elfogadják ezt, ezt mondva: „Ez is egy jó ötlet. Köszönöm a tanácsot," és a tanácsot figyelembe veszitek. Azonban ebben a helyzetben néhány ember kényelmetlenül érzi magát, és az érzelmei megsérülnek. A rossz érzések miatt, panaszkodnak, ezt gondolva: „A tőlem telhető legtöbbet megtettem, hogy ezt a munkát elvégezzem, hogy mondhat ilyen dolgot ilyen könnyedén? Ha ilyen tehetséges, miért nem végezte el egyedül?"

A Bibliában azt olvassuk, hogy Jézus megfeddte Pétert (Máté 16,23). Amikor eljött az idő, hogy Jézus felvegye a keresztet, elmondta a tanítványoknak, hogy mi fog történni. Péter nem

A lélek megalakulása

akarta, hogy a mestere nagy szenvedésen menjen át, és ezt mondta: *"Mentsen Isten, Uram! Nem eshetik ez meg te véled"* (22. vers).

Jézus nem próbálta meg megvigasztalni őt, mondva: "Tudom, hogyan érzel. Hálás vagyok érte. De mennem kell." Azonban ehelyett Jézus megfeddte őt, mondván: *"Távozz tőlem Sátán; bántásomra vagy nékem; mert nem gondolsz az Isten dolgaira, hanem az emberi dolgokra"* (23. vers).

Mivel az üdvösség útja csak akkor tudott megnyílni, amikor Jézus felvette a keresztet, ha valaki megállította volna ezt, ugyanannyi lett volna, mintha Isten gondviselését állították volna meg. Azonban Péternek nem volt ellenérzése vagy panasza Jézus ellen, mivel azt gondolta, hogy bármit mondott Jézus, annak bizonyos jelentése volt. Ilyen jószívűséggel Péter később apostol lett, aki Isten csodálatos hatalmát megvalósította.

Másrészről: mi történt Iskarióti Júdással? Máté 26-ban Bethániai Mária nagyon értékes parfümöt szórt Jézusra. Júdás azt gondolta, pazarlás volt. Ezt mondta: *"Mert eladhatták volna ezt a kenetet nagy áron, és adhatták volna a szegényeknek"* (9. vers). Azonban ő valójában el akarta lopni a pénzt.

Itt Jézus dicsérte Máriát, hogy mit tett Isten gondviseléséből, ami arra volt hivatva, hogy felkészítse Őt az eltemetésére. Júdásnak mégis volt ellenérzése és panasza Jézus ellen, mivel Jézus nem ismerte el az ő szavát. Végül nagy bűnt követett el, mivel eltervezte, hogy elárulja Jézust, és eladja Őt.

Ma sok olyan ember van, akiknek a lelke az igazságon kívül működik. Azonban, amikor látunk is valamit, nem működik a lelkünk egészen addig, amíg nem érzünk semmit vele kapcsolatban. Amikor látunk valamit, meg kell állnunk a látás szintjén. Nem szabad a gondolatainkat ítélkezésre használnunk, mert az bűn. Ahhoz, hogy az igazságban maradjunk, jobb, ha semmit sem látunk meg vagy hallunk meg, ami hamis. Még ha kapcsolatba is kerülünk hamis dolgokkal, akkor is megmaradhatunk a jóságban, ha a jóságban gondolkodunk és érzünk.

3. Sötétség

A Sátánnak ugyanolyan sötét ereje van, mint Lucifernek, és felbújtja az embereket, hogy gonosz gondolataik legyenek, és gonosz szívük, hogy a gonoszságban cselekedhessenek.

Valójában a gonosz szellemek okozzák azt, hogy a lelkünk a hamisság jegyében működjön. Isten a gonosz szellemek világát azért engedélyezte, hogy az emberi művelés gondviselését megvalósítsa. Megvan a hatalmuk a levegő fölött egészen addig, amíg az emberiség művelése folyik. Az Efezusiakhoz 2,2 ezt tartalmazza: *„Melyekben jártatok egykor e világ folyása szerint, a levegőbeli hatalmasság fejedelme szerint, ama lélek szerint, mely most az engedetlenség fiaiban munkálkodik."*

Isten megengedte nekik, hogy a sötétség folyamát ellenőrizhessék egészen addig, amíg Isten befejezi az emberi művelést. A sötétséghez tartozó gonosz szellemek becsapják az embereket, hogy bűnözzenek, és Isten ellen álljanak. Nagyon szigorú rendjük van nekik is. A főnök, Lucifer ellenőrzi a sötétséget, parancsokat adva és uralva az alárendelt gonosz szellemeket. Sok más lény is segíti Lucifert. Léteznek sárkányok, amelyeknek gyakorlati hatalma van, és vannak az ő angyalaik (Ref: Jelenések könyve 12,7). Létezik a Sátán. A gonosz, és a démonok is.

117

Lucifer, a Sötétség Urának feje

Lucifer egy arkangyal volt, aki gyönyörű hangon, és zenei hangszereken dicsérte Istent. Mivel magas pozíciót és tekintélyt élvezett, és Isten hosszú időn át szerette őt, végül arrogánssá vált, és elárulta Istent. Ettől kezdve a gyönyörű kinézetele szörnyűvé változott. Ézsaiás 14,12 ezt mondja: „*Miként estél alá az égről fényes csillag, hajnal fia!? Levágattál a földre, a ki népeken tapostál!*"

Manapság – anélkül, hogy észrevennénk – az emberek hasonlítanak Luciferre a rendkívüli hajviseletüket és arcfestésüket tekintve. A világi trend és divat által Lucifer úgy ellenőrzi az emberek elméjét és gondolatait, ahogyan csak akarja. Lucifer a világ zenei életére különlegesen nagy hatással van.

Az embereket bűnbe viszi, törvénytelenségbe, a modern eszközökkel, beleértve a számítógépet is. Becsapja a gonosz vezetőket, hogy Isten ellen álljanak. Vannak olyan országok, amelyek hivatalosan üldözik a keresztényeket. Mindez Lucifer motivációja és felbujtása miatt van.

Továbbá, Lucifer megkísérti az embereket különböző varázslatokkal és mágiával, hogy imádják őt. Minden tőle telhetőt megpróbál annak érdekében, hogy akár eggyel több lelket elvezessen a Pokolba, és az embereket Isten ellen állítsa.

Sárkányok, és az angyalaik

A sárkányok a gonosz szellemek vezetőiként viselkednek, mivel Lucifer alá tartoznak. Az emberek azt hiszik, a sárkány

A lélek megalakulása

egy képzeletbeli állat. Azonban a sárkányok valóban léteznek a gonosz szellemek világában. Csak láthatatlanok, mivel spirituális lények. A sárkányok legtöbb leírásában a szarvasokéhoz hasonló szarvaik vannak. Kissé olyanok, mint a gigantikus hüllők.

A teremtés idején a sárkányoknak hosszú, szép, nagyszerű tollai voltak. Körülvették Isten trónját. Szerette őket Isten, mint a kisállatokat, ezért közel voltak Istenhez. Nagy hatalmuk és tekintélyük volt, és sok alárendelt kerubuk volt. Azonban, amikor Luciferrel együtt elárulták Istent, az angyalaik is korruptokká váltak, és ők is Isten ellen álltak. A sárkányok angyalai ma szörnyűséges, állati kinézettel bírnak. A sárkányok hatalmán kívül a levegő hatalma is az övék, és az embereket bűnökbe és gonoszságba viszik.

Természetesen a gonosz szellemek tetején állnak, de gyakorlati értelemben átadták a hatalmat, amellyel az Istenhez tartozó spirituális lények ellen lehet harcolni, és a levegő felett uralkodni, a sárkányoknak és azok angyalainak. Régóta már, hogy a sárkányok ráveszik az embereket, hogy a sárkányokhoz hasonló mintákat vagy sárkányokat faragjanak, hogy aztán bálványozhassák őket. Manapság vannak olyan vallások, amelyek nyíltan bálványozzák a sárkányokat, ezeket az embereket a sárkányok ellenőrzik.

A Jelenések könyve 12,7-9 a következő képpen beszél a sárkányokról és az angyalaikról:

És lőn az égben viaskodás: Mihály és az ő angyalai viaskodnak vala a sárkánynyal; és a sárkány is viaskodik vala és az ő angyalai; De nem vehetének diadalmat, és az ő helyök sem találtaték többé a mennyben. És vetteték a nagy sárkány, ama régi kígyó, a ki neveztetik ördögnek és a Sátánnak, ki mind az egész föld kerekségét elhiteti, vetteték a földre, és az ő angyalai [is] ő vele levettetének.

A sárkányok a gonosz embereket az angyalaik révén uszítják. Az ilyen gonosz emberek nem fognak visszalépni még akkor sem, ha olyan szörnyűséges bűncselekményeket követnek el, mint a gyilkosság vagy az emberkereskedelem. A sárkányok angyalainak olyan a formája, mint amilyen állatokról beszél a Leviticus, amelyek Isten számára megvetendőek. A gonoszság különböző formákban lesz látható, annak megfelelően, hogy milyen fajta állatról beszélünk, mert mindeniknek más a jellemzője, mint például az atrocitás, ravaszság, piszkosság, vagy promiszkuitás.

Lucifer a sárkányokon keresztül működik, és a sárkányok angyalai a sárkányok parancsai alapján dolgoznak. Egy országgal összehasonlítva, Lucifer a király, és a sárkányok olyanok, mint a miniszterelnök, vagy a katonaság vezetője, aki az adminisztratív ellenőrzést végzi a miniszterek és a katonák fölött. Amikor a sárkányok cselekszenek, nem kapnak minden esetben direkt utasítást Lucifertől. Lucifer már elültette a gondolatait és elméjét a sárkányokban, és így ha a sárkányok bármit tesznek, automatikusan Lucifer vágyainak megfelelően történik.

A lélek megalakulása

A Sátán Lucifer szívével és hatalmával bír

A gonosz szellemek olyan mértékben tudják befolyásolni az embereket, amennyire a szívük foltos a sötétségtől, azonban a démonok vagy az ördög nem provokálja az embereket a kezdetektől fogva. Először a Sátán dolgozik az embereken, aztán az ördög, aztán a démonok. Egyszerűbben, a Sátán a Lucifer szíve. Még nincs jelentős nagysága, csak az emberek gondolatain keresztül dolgozik. A Sátánnak megvan a sötétség hatalma, mint Lucifernek, és az embereknek gonosz gondolatokat és elmét okoz, hogy gonosz cselekedeteket hajtsanak végre.

Mivel a Sátán egy spirituális lény (Jób 1,6-7), különböző módokon dolgozik, annak megfelelően, hogy milyen tulajdonságai vannak az adott gonosz embereknek. Azoknál, akik hazudnak, csaló szellemmel dolgozik (1 Királyok 22,21-23). Azoknál, akik szeretnek ellenérzéseket kelteni, mivel egyik oldalt kijátsszák a másik ellen, ugyanilyen szellemmel dolgozik (1 János 4,6). Azoknál, akik a hús szennyes dolgait szeretik, tisztátalan szellemmel dolgozik (Jelenések 18,2).

Amint láttuk, Lucifer, a sárkányok és a Sátán különböző szereppel bírnak, de egy elmével és gondolattal, és egy hatalommal, amellyel a hatalmat gyakorolhatják. Most, nézzük meg, hogyan működik a Sátán az embereken.

A Sátán olyan, mint a levegőben terjedő rádióhullám. Állandóan terjeszti az elméjét és hatalmát a levegőben. Ahogy egy rádióhullámot vesz egy erre kialakított vevőantenna, a Sátán gondolatai és sötétséghatalma fogható mindenki számára, aki készen áll, hogy fogadja azt. Az antenna itt a hamisság, azaz a sötétség, amely az emberek szíve maga.

Például, a szívben lakozó természet úgy viselkedhet, mint egy antenna, amely felfogja a levegőben vándorló gyűlöletet, amelyet a Sátán közvetít. A Sátán a sötétség hatalmát az emberbe helyezi, az emberi gondolatokon keresztül, nyomban, amikor az ember szívében keletkező hamis gondolatok, és a Sátán által létrehozott sötétség egy rádió-hullámhosszon, frekvencián van, és találkozik. Ezáltal a hamisság szíve megerősödik, és aktívvá válik.

Ekkor mondjuk, hogy valaki „fogadja a Sátán munkáját," vagy hallja a Sátán hangját. Továbbá, gondolatban bűnös cselekedeteket hajtanak végre. Amikor az ilyen gonosz természet, mint a gyűlölet vagy irigység megkapja a Sátán munkáját, azt fogja kívánni, hogy másoknak ártson.

Sátán a gondolat kapuján keresztül dolgozik

Az emberek szíve az igazság és a hamisság szíve. Amikor elfogadjuk Jézus Krisztust, és Isten gyermekei leszünk, megszáll bennünket a Szentlélek, és megmozdítja bennünk az igazság szívét. Azt jelenti, hogy halljuk a Szentlélek hangját, mely a szívünkből érkezik hozzánk. Ezzel ellentétben, a Sátán kívülről dolgozik, ezért szüksége van egy bejáratra, amely az ember szívébe vezet. Ez az átjáró az ember gondolata.

Az ember elfogadja, amit lát, hall és tanul, az érzelmekkel

A lélek megalakulása

együtt, és elraktározza ezeket az elméjébe és a szívébe. A megfelelő helyzetben vagy körülményben ezeket az emlékeket visszaidézi. Ez a „gondolat." A gondolatok mások, attól függően, hogy milyen érzéseket tápláltál magadban, amikor valamit eltároltál a memóriádban. Még ugyanabban a helyzetben is, vannak, akik csak az igazságnak megfelelően tárolták el, ezért igaz gondolataik vannak, míg mások a hamisságban tárolták el ezeket, ezért hamis gondolataik lesznek. A legtöbb embernek nem tanítják meg az igazságot, ami az Isten szava. Ezért van sokkal több hamisság, mint igazság a szívükben. A Sátán ezeket az embereket arra motiválja és uszítja, hogy hamis gondolataik legyenek. Ezeket úgy ismerjük, hogy „húsbeli gondolatok." Mivel az emberek megkapják a Sátán munkáját, nem engedelmeskedhetnek Isten törvényének. A bűn által rabszolgákká válnak, és végül meghalnak (Rómaiakhoz írt levél 6,16, 8,6-7).

Milyen módon nyeri el a Sátán az emberek szívének ellenőrzését?

Általában a Sátán kívülről dolgozik, az emberek gondolatain keresztül, de vannak kivételek. Például a Biblia azt mondja, hogy a Sátán megszállta Iskarióti Júdást, aki az Úr Jézus tizenkét tanítványának egyike volt. Itt az, hogy a Sátán „megszállta" azt jelenti, hogy folyamatosan elfogadta a Sátán munkáit, míg végül a teljes szívét a Sátánnak adta. Ily módon teljesen elfoglalta őt a Sátán.

Iskarióti Júdás megtapasztalta Isten csodálatos hatalmát, és amíg Jézus Krisztust követte, megtanulta a jóságot, azonban, mivel nem dobta el magától a kapzsiságot, a pénzdobozból ellopta Isten pénzét (János 12,6).

Nagy kapzsiságot mutatott, mert nagy dicsőséget akart nyerni, amikor a Messiás, Jézus Krisztus el akarta foglalni a trónt a földön. Azonban a valóság más volt, mint amit ő várt, így egyenként odaadta a gondolatait a Sátánnak. Végül a teljes szívét bevette a Sátán, és eladta a Mesterét harminc ezüstért. Azt mondjuk, a Sátán akkor száll meg valakit, amikor a teljes szívét elfoglalja.

A Cselekedetek 5,3-ban Péter azt mondta, hogy Ananiás és Zafíra szíve a Sátántól vezérelt volt, és a pénz egy részét, amit a földjük eladásából nyertek, elrejtették, és hazudtak a Szentléleknek.

Péter azért mondta ezt, mivel korábban számos hasonló eset volt. Ezért, a „Sátán bement" kifejezés, vagy a „tele van a Sátánnal" azt jelenti, hogy ezek az emberek a Sátánt viselik a szívükben, ezért ők maguk is Sátánná válnak. Spirituális szemekkel, a Sátán úgy néz ki, mint egy sötét köd. A sötétség energiája, amely olyan, mint a sötét füst, azok körül az emberek körül létezik, akik nagyban fogadják a Sátán munkáját. Annak érdekében, hogy a Sátán munkáit ne fogadjuk, először az összes hamis gondolatot meg kell szüntetnünk magunkban. Továbbá, a hamisság szívét ki kell hogy tépjük magunkból. Alapvetően ez azt jelenti, hogy el kell távolítanunk az antennát, amely a Sátán

„rádió hullámait" fogadja.

Az ördög és a démonok

Az ördög az angyalok azon részét jelképezi, akik Luciferrel együtt korruptak. A Sátánnal ellentétben bizonyos formájuk van. Egy sötét alakon az arcuk, szemük, orruk, fülük és szájuk olyan, mint az angyaloké. Kezük és lábuk is van. Az ördög azt okozza, hogy az emberek bűnöket kövessenek el, és különböző erőpróbákon menjenek át.

Ez nem jelenti azt, hogy az ördög megy az emberekbe, hogy ezt tegye. A Sátán utasításaival az ördög kontrollálja azokat az embereket, akik a szívüket a sötétségnek adták, és olyan tettekre viszi rá őket, amelyek gonoszak és nem elfogadhatóak. Azonban néha az ördög közvetlenül ellenőriz embereket, és az eszközeként használja őket. Azok, akik eladták a lelküket az ördögnek, mint a varázslók és mágusok, a lelküket átadták az ördögnek, hogy ellenőrizze azt, és az eszközeként cselekszenek. Másokat is rávesznek, hogy az ördög dolgait cselekedjék. Ezért, a Biblia azt mondja, hogy akik bűnöznek, az ördöghöz tartoznak (János 8,44; 1 János 3,8).

János 6,70 ezt tartalmazza: *"Felele nékik Jézus: Nem én választottalak-é ki titeket, a tizenkettőt? és egy közületek ördög."* Jézus Iskarióti Júdásról beszélt, aki el fogja árulni Jézust. Egy ilyen személy, aki a bűn rabszolgája lett, és semmi köze az üdvösséghez, az ördög fia. Mivel Sátán Júdásba hatolt, és ellenőrizte a szívét, a gonosz cselekedeteit követte el, és elárulta Jézust. Az ördög olyan, mint egy középkategóriás menedzser, aki a Sátántól kap utasításokat, és – miközben nagyon sok embert kontrollál – az embereknek sok betegséget és fájdalmat okoz, és azt okozza, hogy egyre több gonoszságba essenek.

A Sátán, az ördög és a démonok hierarchia szerint léteznek. Nagyon szorosan együttműködnek egymással. Először: a Sátán az emberek hamis gondolatain munkálkodik, hogy megnyissa az utat az ördögnek, hogy működhessen. Következőleg: az ördög úgy dolgozik az emberek ellen, hogy ráveszi őket, hogy a hús dolgait és más, gonosz dolgokat elkövessenek. A Sátán működik a gondolatok által, és az ördög dolga, hogy ezeket a gondolatokat a gyakorlatba ültesse. Továbbá, amikor a gonosz cselekedetek egy bizonyos szintet meghaladnak, a démon hamarosan beleköltözik az ilyen emberekbe. Amint a démonok bemennek az emberekbe, azok elveszítik a saját akaratukat, és a démonok bábjaivá válnak.

A Biblia azt sugallja, hogy a démonok gonosz szellemek, de különböznek Lucifer bukott angyalaitól (Zsoltárok könyve 106,28; Ézsaiás 8,19; Az apostolok cselekedetei 16,16-19; 1 Korinthusiakhoz 10,20). A démonok egykor emberek voltak, akiknek volt lelke, szelleme és teste. Néhányan azok közül, akik ezen a földön laknak és üdvösség nélkül halnak meg, különleges körülmények között megint a földre jönnek, és ők a démonok. A legtöbb embernek fogalma sincs a gonosz szellemek világáról. Azonban a gonosz szellemek megpróbálnak még egy személyt a pusztulásba vinni, egészen az utolsó napig, amit Isten határozott meg.

A lélek megalakulása

Ebből az okból kifolyólag 1 Péter 5,8 ezt mondja: *"Józanok legyetek, vigyázzatok; mert a ti ellenségetek, az ördög, mint ordító oroszlán szerte jár, keresvén, kit elnyeljen:"* És az Efezusiakhoz 6,12 ezt tartalmazza: *"Mert nem vér és test ellen van nékünk tusakodásunk, hanem a fejedelemségek ellen, a hatalmasságok ellen, ez élet sötétségének világbírói ellen, a gonoszság lelkei ellen, melyek a magasságban vannak."*

Figyelnünk kell, és józan elmével kell bírnunk, mindig, ugyanis, ha úgy élünk, ahogy a sötétség hatalma vezényelné, akkor nem tehetünk mást, mint a halál útjára esni.

Második fejezet
Saját magunk

Az önhittség akkor alakul ki, amikor a világ hamisságát úgy tanuljuk meg, mintha az igazság lenne. Amikor az önhittség megerősödik, kialakul egy mentális gondolkodási keret. A mentális keret, ami kialakul, az egyén önhittségének szisztematikus megszilárdulása lesz.

- Amíg kialakul valakinek a „saját énje"

- Önhittség és gondolkodási keretek

- Igaz lélekműködés

- Naponta halj meg

A lélek megalakulása

Még akkor történt, amikor nem fogadtam el az Urat. Minden nap a betegségem ellen harcoltam, és az egyedüli szórakozásom az volt, hogy harcművészettel foglalkozó regényeket olvastam. A történetek általában a bosszúról szólnak. A tipikus történet a következő: amikor totyogó még, a hős szüleit megölik az ellenségek. Alig tud megmenekülni a vérfürdőből, csakis egy szolga segítségével. Amint felnő, találkozik egy harcművészetet űző emberrel. Ő maga is harcművészet mesterré válik, és megbosszulja az ellenségét azért, mert elvette a szülei életét. Ezek a regények azt tanítják: helyes dolog a bosszú, akár az életének az elvesztése árán is. Azonban a Bibliában Jézus tanítása nagyban eltér a világi tanítástól.

Jézus ezt tanítja Máté 5,43-45-ben: *"Hallottátok, hogy megmondatott: Szeresd felebarátodat és gyűlöld ellenségedet. Én pedig azt mondom néktek: Szeressétek ellenségeiteket, áldjátok azokat, a kik titeket átkoznak, jót tegyetek azokkal, a kik titeket gyűlölnek, és imádkozzatok azokért, a kik háborgatnak és kergetnek titeket. Hogy legyetek a ti mennyei Atyátoknak fiai, a ki felhozza az ő napját mind a gonoszokra, mind a jókra, és esőt ád mind az igazaknak, mind a*

129

hamisaknak."

Az életemet jól és becsületesen éltem. A legtöbben azt mondták volna rám, hogy „nem volt szükségem a törvényre." Azonban, miután elfogadtam az Urat és reflektáltam magamról az újjászületési összejövetelben elhangzott Ige által, rájöttem, hogy az életemben nagyon sok rossz dolog létezett. Annyira szégyelltem magam, mert rájöttem, hogy a nyelv, amit használtam, a viselkedésem, a gondolataim, és még a lelkiismeretem is, mind hamis volt. Alaposan megbántam a bűneimet Isten előtt, mert rájöttem, hogy olyan életet éltem, amely egyáltalán nem volt helyes.

Azóta igyekszem rájönni az önhittségemre, a személyes mentális keretemre, és igyekszem elpusztítani őket. Megtagadtam a korábbi „énemet," amelyet korábban felépítettem, és semmisnek nyilvánítottam. A Bibliát olvasva újjáépítettem „saját magamat," az igazságnak megfelelően. Böjtöltem és imádkoztam vég nélkül, hogy a szívemben lévő hamisságot megszüntessem. Ennek eredményeképpen éreztem, hogy a gonoszságom kezdett megszűnni, és elkezdtem a Szentlélek hangját hallani, és az ő utasításait fogadni.

Amíg kialakul valaki „énje"

Hogyan formálják az emberek a szívüket, és hogyan alapítják meg az értékeiket? Első tényező az öröklés. A gyerekek hasonlítanak a szüleikre. Öröklik a külső megjelenést, szokásokat, személyiséget, és más genetikai jellemzőket a szüleiktől.

A lélek megalakulása

Koreában azt mondják: „a szülők vérét örököljük." Azonban ez nem igazán a vér, hanem az „életenergia," vagy „kí." A „kí" a teljes testből jövő energia kristalloid része. Ismerek egy családot, ahol a fiúgyereknek van egy nagy anyajegye az ajka felett. Az anyjának ugyanott, ugyanilyen anyajegye volt, de műtéttel eltávolíttatta. Bár ő magáról eltávolíttatta, a fia is örökölte azt.

Az emberi lények spermája és petesejtje tartalmazza az életenergiát. Nem csak a külső megjelenést, hanem a személyiséget, vérmérsékletet, intelligenciát és szokásokat is tartalmazzák. Ha az apa kíje erősebb a fogantatás idején, a gyerek jobban fog hasonlítani az apjára. Ha az anya kíje erősebb, akkor a gyerek az anyjára fog jobban hasonlítani. Ezért mindenik gyerek szíve különböző lesz.

Ahogy egy személy növekedik és érik, sok mindent megtanul, és a szív mezejének részévé válik. Körülbelül ötéves kortól az emberek elkezdik kialakítani „saját magukat" azokon a dolgokon keresztül, amelyeket látnak, hallanak vagy megtanulnak. Körülbelül tizenkét éves kortól az ember kialakítja az értékeket, amelyek alapján az értékítéleteit meghozza. Körülbelül tizennyolc éves korban az ember „saját lénye" még jobban megszilárdul. Azonban a baj az, hogy sok olyan dolgot, amely igazából rossz, jónak gondolunk, és az igazságként emlékszünk rájuk.

Ezen a világon sok hamis dolgot megtanulunk. Természetesen az iskolában sok dolgot tanulunk, amely fontos és hasznos az

131

életünkben, de olyan dolgokat is tanítanak, amely nem igaz, mint például a darwini evolucionizmus. Amikor a szülők a gyerekeiket tanítják, szintén tanítanak nekik olyan hamis dolgokat, amelyekről azt hiszik, hogy igazak. Tegyük fel, hogy egy gyerek kint van, és a többiek megverik. A frusztrált szülők valami ilyent mondanak: „Háromszor eszel egy nap, mint a többi gyerek, erős kell hogy legyél, akkor hogy verhettek meg? Ha megütnek egyszer, üsd vissza kétszer! Nincs kezed és lábad, mint a többi gyereknek? Meg kell tanulnod megvédeni magad."

A gyerekeket megvetéssel kezelik, ha a barátaik megverik őket. Milyen lelkiismerete lesz ezeknek a gyerekeknek? Valószínű azt fogják érezni, hogy bolond ostobák, és helytelen, ha megengedik, hogy mások megüssék őket. Ha mások megütik őket egyszer, azt fogják gondolni, hogy kétszer kell visszaütniük. Más szavakkal, gonoszságot fognak mutatni, de úgy, mintha az helyes lenne.

Hogyan tanítják a gyerekeiket azok a szülők, akik az igazság szerint élnek? Ellenőrzik a helyzetet, és jósággal és az igazság szerint tanítják a gyerekeket, hogy békében lehessenek, és valami ilyent mondanak nekik: „Kedvesem, megpróbálnád megérteni őket? Azt is nézd meg: nem tettél-e valami rosszat. Isten azt mondja nekünk, hogy a gonoszságot jósággal győzzük le."

Ha a gyerekeket minden helyzetben csak az ige alapján tanítják, jó és megfelelő lelkiismeretet tudnak kialakítani magukban. Azonban a legtöbb esetben a szülők hamissággal és hazugsággal tanítják a gyerekeiket. Amikor a szülők hazudnak,

A lélek megalakulása

a gyerekek is hazudnak. Tegyük fel, hogy csöng a telefon, és a lánygyerek felveszi. A telefonkagylót eltakarja a kezével, hogy ne hallja, aki felhívta őket, hogy mit mond: „Apám, Tamás bátyám veled akar beszélni." Az apa meg ezt mondja: „Mondd meg neki, hogy nem vagyok itthon."

A lány azért kérdi meg az apját előre, mert egy ilyen incidens már megtörtént a múltban. A növekedésük alatt az embereket sok hamis dologra megtanítják, és ennek tetejében még ők is megtetézik ezt azzal, hogy ítélkeznek a saját érzelmeikkel. Ily módon kialakul egy hamis lelkiismeret.

Továbbá a legtöbb ember énközpontú. Csak a saját előnyüket követik, és azt hiszik, ez helyes. Ha mások szándéka vagy ötletei nem felelnek meg a saját ötleteiknek, azt gondolják: mások hibáztak. Azonban mások is ugyanígy gondolkodnak. Nagyon nehéz egyezségre jutni, ha mindenki így gondolkodik. Még azokra az emberekre is érvényes ez, akik nagyon közel állnak egymáshoz, mint például a férj és feleség, vagy a szülők és a gyerekek. A legtöbb ember így alakítja ki az „énjét," ezért senkinek nem szabad azt gondolni, hogy csak az ő „énje"a jó.

Önhittség és keretek

Sok ember úgy alakítja ki az ítéleteinek az alapértékrendjét, hogy a hamis lélekműködését veszi alapul. Következésképpen, a saját önelégültségük és a saját kereteik között élnek. Továbbá, ez az önelégültség a hamisságon alapul, amelyet a világtól elfogadnak, és igazságnak hisznek. Azok, akik önelégültek, nem csak az értékeik miatt gondolják magukat igaznak, hanem azt is megpróbálják, hogy a nagy önhittségükben a saját értékrendjüket és hitüket másokra ráerőltessék.

Amikor ez az önelégültség megkeményedik, keretté válik. Más szavakkal, ez a keret egy rendszerszerűen kialakított szerkezet az önhittségen belül. Ezek a keretek mindenki egyéniségének, ízlésének, modorának, elméleteinek és gondolatainak megfelelően alakulnak ki. Egy olyan helyzetben, amelyben mindkét lehetőség rendben van, ha csak az egyik lehetőség mellett tartasz ki, és ha ez a meggyőződés megszilárdul, a kereteddé válik. Egy olyan tendencia alakulhat ki benned, amely alapján udvariasabb és elfogadóbb leszel azokkal, akik hasonló személyiséggel, fontossági sorrenddel vagy preferenciákkal rendelkeznek, de egy olyan tendencia is, hogy azokkal kevésbé vagy toleráns, akik nem egyeznek veled. Ez a személyi keretek, korlátok miatt van.

Ez a fajta keretrendszer különböző formákat ölthet magára a mindennapi életünkben. Egy új házaspár lehet, hogy triviális dolgok fölött veszekszik. A férj azt hiszi, hogy a fogkrémet a tubus aljáról kell kinyomni, de a feleség szerint bárhonnan kinyomható. Ha ebben a helyzetben valaki kitart a saját módszere mellett, konfliktus keletkezik. A konfliktusok a szokások eltérő keretrendszeréből adódnak, amelyek különbözőek.

Tegyük fel, hogy egy cégben van egy olyan beosztott, aki

A lélek megalakulása

teljesen egyedül dolgozik, és senkitől sem kap segítséget. Az ilyen emberek mindent maguk tesznek meg, mivel nehéz körülmények között nevelkedtek, és egyedül kellett hogy dolgozzanak. Nem arrogánsak. Ha azt gondolod erről a személyről, hogy arrogáns vagy önző, teljesen helytelen ez is.

A legtöbb esetben, az igazság szemszögéből a személy önelégültsége és a referencia keretei is helytelenek. A hiba a hamis szívből származik, amely nem szolgál másokat, és amely személyes előnyöket szolgál. Még a hívőknek is olyan referencia keretük és önelégültségük van, amelyről nem is tudnak, hogy létezik.

Azt hiszik, Isten szavára hallgatnak, és valamelyest félre tették a bűneiket, és tisztában vannak az igazsággal. Ezzel a tudással megmutatják az önhittségüket. Ítélkeznek arról, hogy mások hogyan vezetik a hitbeli életüket. Összehasonlítják magukat másokkal, és azt hiszik: ők jobbak másoknál. Egy időben másokban csak a jót látták, de megváltoztak, és most csak a hibáit látják másoknak. Csak a saját véleményük számít, és azt mondják, hogy „Isten királysága miatt" van ez.

Néhány ember úgy beszél, mintha mindent tudna, és igazságos lenne. Mindig mások hibáiról beszélnek, közben ítélkezve róluk. Csak mások hibáit képesek észrevenni, a sajátjukat nem.

Mielőtt az igazság teljesen megváltoztat bennünket, mindannyian önelégültek vagyunk, és megvannak a referencia

135

kereteink. Annak megfelelően, hogy mennyi gonoszság van a szívünkben, a lélekműködésünk hamis lesz, nem igaz. Ennek eredményeként elítélünk másokat, az önhittségünknek és referencia keretünknek megfelelően. Annak érdekében, hogy legyen spirituális fejlődésünk, azt kell gondolnunk a gondolatainkról és referenciáinkról, hogy teljesen értéktelenek. El kell pusztítanunk az önelégültségünket, referencia kereteinket, és a lélekműködésünk az igazság szerint kell hogy történjen.

Az igazság szerinti lélekműködés mibenléte

Fejlődhetünk spirituális értelemben, és Isten igaz gyermekeivé válhatunk, amennyiben a hamis lélekműködésünket igazzá változtatjuk. Mit kell tennünk ennek érdekében?

Először: az igazság standardjának megfelelően kell különbséget tennünk, és megkülönböztetnünk mindent.

Az embereknek különböző a lelkiismeretük, és a világ standardjai is különböznek az idő, hely és kultúra függvényében. Még ha helyesen cselekedtél is, lehet, hogy mások – akik más értékrenddel bírnak – nem ítélik jónak ezt.

Az emberek az értékeiket és elfogadható modorukat különböző környezetben és kultúrában alakítják ki, ezért nem szabad másokat a saját standardunknak megfelelően megítélnünk. Az egyetlen végső standard, amellyel meg tudjuk különböztetni az igazságot a hamisságtól, a jót a rossztól, az Isten

Szava, amely az igazság maga.

Azok között a dolgok között, amelyet a világi emberek helyesnek és megfelelőnek ítélnek meg, vannak dolgok, amelyek a Bibliával megegyeznek, de olyanok is vannak, amelyek nem. Tegyük fel, hogy az egyik barátod bűncselekményt követett el, de valaki mást helytelenül megvádoltak ezzel. A legtöbb ember ebben a helyzetben azt gondolja, hogy nem helyes feltárni a barát bűnösségét. Azonban, ha hallgatsz, tudva a hibásan elítélt ember ártatlanságáról, a cselekedeted soha nem lehet helyesnek mondható Isten által.

Mielőtt hittem volna Istenben, amikor meg kellett valaki másnak látogatnom a házát ebédidőben, és megkérdeztek, hogy ettem-e korábban, ezt mondtam: „Igen, már ebédeltem." Soha nem gondoltam, hogy ez nem helyes, mert azért mondtam, hogy a másik embert ne hozzam zavarba. Azonban spirituális értelemben hiba lehet Isten előtt, mert nem igaz. De nem is bűn. Miután erre rájöttem, másképp fejeztem ki magma, mint például: „Nem ettem, de most nem szeretnék, köszönöm."

Hogy mindent az igazság szerint különböztessünk meg, meg kell hallgatnunk s tanulnunk az Igazság szavát, és a szívünkben kell őriznünk. Olvasnunk kell a Bibliát, és meg kell szabadulnunk a rossz értékeinktől, amelyeket a hamissággal alakítottunk ki ezen a világon. Függetlenül attól, hogy mennyire bölcs egy dolog ezen a világon, ha Isten szava ellen való, el kell dobnunk azt.

Másodszor: annak érdekében, hogy igaz lélekműködésünk legyen, az érzelmeink meg kell hogy feleljenek az igazságnak.

Az, hogy hogyan teszünk magunkévá dolgokat, fontos szerepet játszik abban, hogy megpróbálunk az igazság szerint érezni. Láttam egy anyát, aki így szidalmazta a gyerekét: „Ha ezt teszed, a lelkész meg fog szidni!" Ezzel azt sugallja a gyerekének, hogy a lelkész félelmetes ember. Egy ilyen gyerek félni fog, és el fogja kerülni a lelkészt, ahelyett, hogy közeledne felé, ahogy felnő.

Régen láttam egy jelenetet egy filmben. Egy lány nagyon barátságos volt egy elefánttal, és az elefánt az agyarát a lány nyaka köré tekerte. Egy napon, mialatt a lány aludt, egy mérges kígyó tekeredett a lány nyakára. Ha tudta volna, hogy mérges kígyó van a nyakán, szörnyen félt volna. Azonban a szemei csukva voltak álmában, és azt gondolta, hogy csak az elefánt agyara van rajta. Egyáltalán nem volt meglepve. Azt gondolta: barátságos dolog ez. Az érzelmek a gondolatoknak megfelelően változnak.

Az érzelmek annak megfelelően változnak, hogy mit gondolunk. Akik félnek a kukacoktól, hernyóktól vagy százlábúaktól, élvezik a sült csirke ízletességét, annak ellenére, hogy a csirke megette ezeket a dolgokat. Láthatjuk, hogyan függenek az érzelmeink az ilyen gondolatoktól. Függetlenül attól, hogy milyen személyt látunk, vagy milyen dolgot cselekszünk, csak helyesen gondolkodhatunk és érezhetünk.

A lélek megalakulása

Mindenekfölött, hogy mindenben jól érezzünk és gondolkodjunk, mindig meg kell látnunk, hallanunk, és magunkévá kell tennünk a jó dolgokat. Ez különösen érvényes ma, amikor szinte bármit láthatunk a tömegmédia és az Internet révén. Ma sokkal több gonoszság, kegyetlenség, erőszak, csalás, énközpontúság, ravaszság és feladás van jelen közöttünk, mint bármikor korábban a történelemben. Annak érdekében, hogy az igazságban megmaradjunk, jobb, ha nem látunk, hallunk, vagy teszünk magunkévá ilyen dolgokat, amennyire ez lehetséges. Azonban, ha szembe is kell néznünk ezekkel, gondolhatunk jó és igaz dolgokra is, miközben ezt kérdezzük: „Hogyan?"

Például azok, akik félelmetes történeteket hallottak démonokról és vámpírokról fiatal korukban, félelmetes érzésekkel bírnak irántuk, főleg amikor egyedül vannak a sötétben, miután megnéztek egy horrorfilmet. Megrázkódnak, és szörnyen félnek, ha furcsa hangot hallanak, vagy furcsa árnyékot látnak. Ha egyedül vannak, egy egészen kis eseménytől is sokkba kerülhetnek a félelmük miatt.

Azonban, ha a fényben élünk, Isten megvédelmez bennünket, és a gonosz szellemek nem tudnak elérni bennünket. Ehelyett, megijednek a spirituális fény hatására, és összerázkódnak, mert ez a fény árad belőlünk. Ha megértjük ezt a tényt, megváltoztathatjuk az érzelmeinket. A szívünkből megértjük, hogy a gonosz szellemek nem félelmetes lények, így az érzelmeink is megváltozhatnak. Mivel a sötétség világát be tudjuk törni, ha meg is jelennek démonok, Jézus Krisztus nevében el tudjuk űzni őket.

Nézzünk meg még egy esetet, ahol az embereknek nem megfelelőek az érzelmeik. Egy zarándoklaton voltam húsz évvel ezelőtt. Egy görögországi stadionban volt egy szobor egy meztelen emberről. A szobor alatt volt egy felirat, amely a testmozgást és a sportot bátorította az egészséges emberért, amely a nemzet alapja. Itt láthattam a különbséget az európai országok turistái és a saját egyháztagjaink között. Voltak, kik közülük lefényképezték a szobor előtt magukat, mindenféle gond nélkül, de voltak olyanok, akik elpirultak, szégyenkeztek. Elkerülték a helyet, mintha nem lett volna szabad látniuk azt, amit a szobor ábrázolt. Azért pirultak a szobor láttán, mert házasságtörő gondolataik voltak. Nem megfelelő a gondolkodásuk a meztelenséggel kapcsolatban, és ezek a gondolatok előjöttek, amikor a szobrot meglátták. Az ilyen emberek el is ítélhetik azokat az embereket, akik közelről megnéznek egy ilyen szobrot. Az európai turistáknak jól látatóan semmilyen szégyenérzetük vagy hasonló érzésük nem volt. A szoborra elismeréssel tekintettek, mint egy nagyszerű művészeti alkotásra.

Ebben az esetben senki nem mondhatja az európai turistákra, hogy szégyentelenek. Ha megértjük a különböző kultúrákat, és a hamis érzéseinket átváltoztatjuk igaz érzelmekké, nem szabad szégyenkeznünk. Ádám meztelenül élt, amikor nem ismerte a húst, mivel nem volt házasságcsaló mentalitása, és ez a fajta életmód számára szebb volt.

Harmadszorra, ahhoz, hogy igaz lélekműködésünk legyen, nem szabad a dolgokat kizárólag a saját perspektívánkból elfogadnunk, hanem a mások perspektíváit is meg kell hogy nézzük.

Ha csak a saját álláspontodból, tapasztalatodból vagy gondolkodásmódodból fogadsz el dolgokat, ennek nagyon hamis lélekműködés lesz az eredménye. Valószínűleg hozzáadsz mások szavaihoz, vagy elveszel belőlük, a saját gondolataidnak megfelelően. Lehet, hogy félreérted, elítéled, amit mondanak, ezzel rossz érzéseket keltve.

Tegyük fel, hogy egy személy, aki balesetet szenved, nagyon panaszkodik a fájdalmára. Azok, akik nem éltek meg ilyen fájdalmat, vagy azok, akik nagyon tolerálják a fájdalmat, azt gondolhatják, hogy ez a személy nagy hűhót csinál a semmiségből. Ha mások szavait elfogadod a saját álláspontod és tapasztalataid alapján, a lélekműködésed hamis lesz. Ha mások szemszögét is megpróbálod megérteni, megérted őket, és a fájdalmuk nagyságát is.

Ha megérted mások helyzetét, és elfogadod őket, mindenkivel békében leszel. Nem kell hogy gyűlölj majd bármit, ami nem kényelmes. Bár lehet, hogy kárt szenvedsz, vagy mások nehézséget okoznak neked, ha rájuk gondolsz először, nem fogod utálni őket, hanem szeretni és szánni fogod őket. Ha ismered

Jézus szeretetét, akit keresztre feszítettek miattunk, és Isten kegyelmét is, még az ellenségeidet is képes leszel szeretni. Ez volt István esete is. Amíg mások kővel halálra dobálták, bár nem volt semmilyen bűne, képes volt arra, hogy nem utálta őket, hanem imádkozott értük.

Azonban néha azt látjuk, hogy nem egyszerű igaz lélekműködést kialakítani, ahogy szeretnénk. Ezért, mindig vigyáznunk kell a szavainkra, cselekedeteinkre, és a lélekműködésünket át kell alakítanunk hamisról igazra. Isten erejével és kegyelmével kialakíthatjuk az igaz lélekműködésünket, és megkaphatjuk a Szentlélek segítségét, ahogy kitartunk a próbálkozásunk mellett.

Naponta meghalok

Pál apostol egykor üldözte a keresztényeket, mivel nagyon erős önhittséggel és referencia keretekkel bírt. Azonban, miután találkozott az Úrral, rájött, hogy az önhittsége és gondolkodási keretei nem voltak helyesek, és olyannyira megalázta magát, hogy mindent, amit korábban magáénak vallott, szemétnek nyilvánított. Először harcolt önmagával, mert rájött, hogy gonoszság van benne, amely harcolt az énje ellen, amely jót akart cselekedni (Rómaiakhoz 7,24).

Hálaadással vallott, mondva, hogy az élet törvénye és a Szentlélek a Jézus Krisztusban megszabadítja őt a bűn és halál törvényétől. A Rómaiak 7,25-ben ezt mondja: *„Hálát adok*

A lélek megalakulása

Istennek a mi Urunk Jézus Krisztus által. Azért jóllehet én az elmémmel az Isten törvényének, de testemmel a bűn törvényének szolgálok," és az 1 Korinthusiakhoz 15,31-ben: „Naponként halál révén állok. A veletek való dicsekedésre [mondom,] mely van nékem a Krisztus Jézusban a mi Urunkban."

Ezt mondta: „naponként meghalok," ami azt jelenti, hogy a szívét naponta körülmetélte. Azaz, az olyan hamis dolgokat, mint a büszkeség, magabiztosság, gyűlölet, ítélkezés, düh, arrogancia, kapzsiság, eldobta magától. Vallomása alatt küzdött ellenük, egészen a vére ontásáig. Isten erőt és kegyelmet adott neki, és a Szentlélek segítségével spirituális emberré változott, akinek a lélekműködése mindig igaz volt. Végül hatalmas apostol lett belőle, aki az evangéliumot terjesztette, miközben számos jelet és csodát mutatott.

Harmadik fejezet
A hús dolgai

Vannak, akik elkövetik az irigység, féltékenység, ítélkezés és házasságszegés bűnét gondolatban. Ezek nem mutatkoznak meg kívülről, azonban világos, hogy a bűnös természet bennük van.

- Hús és a test cselekedetei

- A „hús a gyengében" jelentése

- A hús dolgai: Az elmében elkövetett bűnök

- A hús vágyakozása

- A szem vágyakozása

- Az élet dicsekvő büszkesége

A lélek megalakulása

Akiknek a szelleme halott, a lelkük az úr, és uralkodik a testük fölött. Tegyük fel, hogy szomjas vagy, és szeretnél inni valamit. A lélek parancsot ad a kéznek, hogy vegye fel az üveget, és vigye a szájhoz. De ebben a pillanatban, ha valaki megsért, mérges leszel, és össze akarod törni az üveget. Milyen működése a léleknek ez?

Ez akkor történik, amikor a Sátán elcsábítja a húshoz tartozó lelket. Az emberek olyan mértékben kapnak az ellenséges ördögtől és a Sátántól munkákat, amennyire hamisak. Ha elfogadják a Sátán munkáit, a gondolataik hamissá válnak, és ha elfogadják az ördögöt, hamis cselekedeteik lesznek.

A gondolat, hogy összetörjük a poharat a Sátántól származott, és ha ténylegesen összetörjük az üveget, ez az ördög munkája. A gondolat az úgynevezett „test dolga," és a cselekedet „a test cselekedete." Az ok, amiért hamis gondolataink és cselekedeteink vannak az a bűnös természet, amelyet az ellenséges ördög és a Sátán elültetett bennünk, mivel Ádám megbukott, ráadásul ez még keveredett a testtel is.

Hús, és testi dolgok

A Rómaiakhoz 8,13 ezt tartalmazza: *"Mert, ha test szerint éltek, meghaltok; de ha a test cselekedeteit a lélekkel megöldökölitek, éltek."* Itt a "meghaltok" azt jelenti, hogy örök halálra jutunk, ami a Pokol. Ezért a "hús" nem csak a fizikai testünkre vonatkozik. Spirituális jelentése is van.

Továbbá azt mondja, hogy ha a test cselekedeteit megöljük a Lélek által, akkor élni fogunk. Ez azt jelenti, hogy van, hogy meg kell szabadulnunk a leülés, lefekvés, evés és így tovább cselekedetétől? Persze, hogy nem! Itt a "test" kifejezés a tartály külső héjára vonatkozik, ahonnan a szellem tudása, amelyet Isten adott az embereknek, kiszivárgott. Ahhoz, hogy megértsük a spirituális jelentését ennek, meg kell értenünk, hogy milyen lény volt Ádám.

Amikor Ádám élő lélek volt, a teste értékes és maradandó volt. Nem öregedett, és nem pusztult el. Fényes, gyönyörű és spirituális teste volt. A viselkedése szintén méltóságteljesebb volt, mint bármely nemes emberé ezen a földön. Azonban attól kezdve, hogy a bűn hozzá szegődött, és ennek következtében a teste méltatlanná lett, Ádám nem volt más, mint az állatok.

Hadd példázódjak egy allegóriával. Ha van egy csésze némi folyadékkal benne, akkor a kupa összehasonlítható a testünkkel, és a folyadék a szellemmel. Ugyanez a csésze különböző értékeket képviselhet, attól függően, hogy milyen folyadékot tartalmaz.

A lélek megalakulása

Ugyanez volt a helyzet Ádám testével.

Mint élő lélek, Ádám már csak a szeretet, a jóság, igazságosság és igazság, és Isten fénye iránti tudással bírt, melyeket Isten adott. De ahogy a lelke meghalt, az igazság tudása kiszivárgott belőle, és az igazság helyett a testi dolgokkal látta őt el az ellenséges ördög és a Sátán. Megváltozott a valótlanságokat követve, amelyek a részévé váltak. Azt mondta: „a Lélek által a test cselekedetei meghalnak." Itt a „test cselekedetei" azokra a cselekedetekre vonatkozik, amelyek a testtől származnak, amelyek párosulnak a valótlanságokkal.

Például, vannak olyan emberek, akik felemelik az öklüket, ajtókat csapkodnak, vagy más módon mutatnak nyers viselkedést, amikor dühösek. Néhány ember trágár beszédet használ minden mondatban. Vannak, akik az ellenkező nemű személyeket vággyal nézik, és megint mások erkölcstelen viselkedést mutatnak.

A test tettei nem csak a nyilvánvaló bűnökre utalnak, hanem az összes egyéb tevékenységre, amely nem tökéletes Isten szemében. Vannak emberek, akik – amikor másokkal beszélnek – öntudatlanul mutogatnak az ujjaikkal az emberekre vagy dolgokra. Vannak, akik felemelik a hangjukat beszéd közben, és úgy hangzik, hogy vitatkoznak. Ezek a dolgok triviálisnak tűnhetnek, de a testből jönnek, amely párosul a valótlansággal.

A Bibliában gyakran találkozunk a „hús" kifejezéssel. Ebben a versben, János 1,14-ben a „hús" a szó szerinti jelentésben jelenik meg. *"És az Íge testté lett és lakozék mi közöttünk (és láttuk az ő dicsőségét, mint az Atya egyszülöttjének dicsőségét), a ki teljes vala kegyelemmel és igazsággal."* Azonban többször fordul elő spirituális értelemben.

A Rómaiakhoz 8,5 ezt tartalmazza: *"Mert a test szerint valók a test dolgaira gondolnak; a Lélek szerint valók pedig a Lélek dolgaira."* A Rómaiakhoz 8,8 ezt tartalmazza: *"...A kik pedig testben vannak, nem lehetnek kedvesek Isten előtt."*

Itt a „hús" spirituális értelemben jelenik meg, a bűnös természetre utalva, amely a testtel elegyedik. A bűnös természet és a test elegye, amelyből az igazság tudása kiszivárgott. Az ellenséges ördög és a Sátán különböző bűnös dolgokat plántált az emberbe, és ezek integrálódtak a testben. Nem azonnal jelentkeznek, mint cselekedet, de ezek a tulajdonságok ma jelen vannak az emberekben, és bármely pillanatban előjöhetnek, mint cselekedetek.

Amikor ezeket a húsbeli tulajdonságokat külön említjük, azt mondjuk: „húsbeli dolog." A gyűlölet, irigység, féltékenység, hamisság, ravaszság, arrogancia, düh, ítélkezés, csalás és kapzsiság mind a „húsra" utal, és mind „a hús dolgai."

„A hús gyenge" jelentése

Amikor Jézus a Gesemánéban imádkozott, a tanítványok aludtak. Jézus ezt mondta Péternek: *"Vigyázzatok és*

A lélek megalakulása

imádkozzatok, hogy kísértetbe ne essetek; mert jóllehet a lélek kész, de a test erőtelen" (Máté 26,41). Ez nem jelenti azt, hogy a tanítványok teste gyenge lett volna. Péternek robusztus termete volt, mert korábban halász volt. Mit jelent „a test (hús) gyenge" kifejezés?

Azt jelenti, hogy – mivel Pétert nem szállta még meg a Szentlélek – húsbeli ember volt, aki a bűnöket nem dobta el teljesen magától, és nem olyan testet művelt ily módon, amely a szellemhez tartozott volna. Amikor egy ember eldobja a bűneit, és szellemivé válik, azaz amikor szellemi és igaz emberré válik, a lelke és teste a szelleme által ellenőrzött lesz. Ezért még ha a test nagyon fáradt is, ha valóban távol akarsz lenni a szívtől, elkerülheted, hogy elaludj.

Abban az időben Péter nem volt szellemi ember, ezért nem tudta ellenőrizni a testi tulajdonságokat, mint a fáradtság és lustaság. Még ha ébren is akart maradni, nem tudott. A fizikai korlátai között volt. A fizikai korlátok között lenni azt jelenti, hogy a hús gyenge.

Azonban Jézus feltámadása és égbemenetele után Pétert megszállta a Szentlélek. Most nem csak a húsbeli tulajdonságait tartotta kordában, hanem sok beteg embert is meggyógyított, és még a holtakat is feltámasztotta. Az evangéliumot olyan erős hittel és bátorsággal terjesztette, hogy azt akarta, hogy fejjel lefelé feszítsék keresztre.

Jézus Isten Királyságának jó hírét terjesztette, és éjjel-nappal beteg embereket gyógyított, akkor is, amikor nem volt képes megfelelően enni és aludni. Azonban, mivel a Szelleme ellenőrizte a testét, még akkor is, amikor nagyon fáradt volt, addig imádkozott, amíg az izzadsága vérré változott, és a vércseppek a földre hullottak. Jézusnak sem eredeti bűne, sem önmaga által elkövetett bűne nem volt. Ezért a testét képes volt szellemmel ellenőrizni.

Vannak hívők, akik bűnöznek és kifogásokat keresnek, mondván: „A testem fáradt." Azonban azért mondják ezt, mert nem ismerik a spirituális jelentését a kifejezésnek. Meg kell értenünk, hogy Jézus vérének ontása a kereszten nem csak a bűneinktől, hanem a gyengeségeinktől is megváltott. Egészségesek lehetünk a szellemben, testben, és megtehetünk olyan dolgokat, amelyek az emberi korlátokon túl vannak, feltéve, hogy van bennünk hit, és engedelmeskedünk Isten Szavának. Továbbá, mivel a Szentlélek segít, ezért nem szabad azt mondanunk, hogy nem tudunk imádkozni, vagy nem volt más választásunk, mint bűnözni, mivel a testünk gyenge.

A hús dolgai: az elmében elkövetett bűnök

Ha az embereknek van teste, azaz bűnös természete, amely a testükkel egyesült, nem csak az elméjükben, hanem a cselekedeteikben is elkövetnek bűnöket. Ha hamis tulajdonságokkal bírnak, egy előnytelen helyzetben másokat be fognak csapni. Ha a bűnt a szívükben követik el, de nem cselekedetekben, ez egy „húsbeli dolog."

A lélek megalakulása

Tegyük fel, hogy látsz egy nagyon szép ékszert, ami a szomszédodé. Ha csak át is fut az agyadon, hogy el kellene lopnod, akkor már elkövetted a szív bűnét. A legtöbb ember nem gondolja azt, hogy ez bűn. Azonban Isten kikutatja a szívet, és még az ellenséges ördög és a Sátán is ismeri az ember szívét, és ilyen bűnök ellen vádat emelnek. Ez húsbeli dolog.

Máté 5,28-ban Jézus ezt mondta: „... *Én pedig azt mondom néktek, hogy valaki asszonyra tekint gonosz kivánságnak okáért, immár paráználkodott azzal az ő szívében."* 1 János 3,15 ezt tartalmazza: „*A ki gyűlöli az ő atyjafiát, mind embergyilkos az: és tudjátok, hogy egy embergyilkosnak sincs örök élete, a mi megmaradhatna ő benne."* Ha a szívben követsz el bűnöket, azt jelenti, hogy leraktad az alapjait annak, hogy valóban elkövesd a bűnös cselekedetet.

Mosolyoghatsz, és eljátszhatod, hogy szeretsz valakit akkor is, ha valójában utálod őt, és meg akarod ütni őt. Ha valami történik, és már nem tudod tolerálni a helyzetet, a dühöd kirobban, és lehet, hogy veszekszel, vagy verekszel ezzel a személlyel. Azonban, ha a bűnös természetet kiirtod magadból, akkor sem fogod utálni ezt a személyt, ha nehéz perceket okoz neked.

Ahogy a Rómaiakhoz 8,13-ban látjuk: „... *Mert, ha test szerint éltek, meghaltok; de ha a test cselekedeteit a lélekkel megöldökölitek, éltek,"* hacsak nem dobod el a húsbeli dolgokat, végül csak el fogod követni a hús cselekedeteit. Azonban, a Biblia ezt is mondja: „... *Mert, ha test szerint éltek, meghaltok; de ha a test cselekedeteit a lélekkel megöldököltek, éltek."* Tehát lehetséges, hogy szent és istenes dolgokat kövessünk el, ahogy a húsbeli dolgokat sorra eldobjuk magunktól. Hogyan tudunk gyorsan megszabadulni a hús dolgaitól?

A Rómaiakhoz 13,13-14 ezt tartalmazza: *„Mint nappal, ékesen járjunk, nem dobzódásokban és részegségekben, nem bujálkodásokban és feslettségekben, nem versengésben és írigységben: Hanem öltözzétek fel az Úr Jézus Krisztust, és a testet ne tápláljátok a kívánságokra."* És 1 János 2,15-16- ban ezt mondja: *„Ne szeressétek a világot, se azokat, a mik a világban vannak. Ha valaki a világot szereti, nincs meg abban az Atya szeretete. Mert mindaz, a mi a világban van, a test kívánsága, és a szemek kívánsága, és az élet kérkedése nem az Atyától van, hanem a világból."*

Ezekből a versekből rájöhetünk, hogy a világ minden dolga a hús dolgai miatt van, a szem kívánsága miatt, és az élet gőgös kérkedése miatt. A vágy az az energiaforrás, amely az embereket arra vezeti, hogy keressék és elfogadják a romlandó húst. Hatalmas erő, amely által az emberek jól érzik magukat, és szeretik a világot.

Menjünk vissza a jelenethez, ahol Évát megkísérte a kígyó a Genezis 3,6-ban: *„És látá az asszony, hogy jó az a fa eledelre s hogy kedves a szemnek, és kívánatos az a fa a bölcseségért: szakaszta azért annak gyümölcséből, és evék, és ada vele levő férjének is, és az is evék."*

A lélek megalakulása

A kígyó azt mondta Évának, hogy olyan lehet, mint Isten. Amint elfogadta az Igét, a bűnös természet beleszállt, és húsként állapodott meg benne. Most a hús kívánsága belépett, és a gyümölcs jó ételnek tűnt. A szem kívánsága miatt a gyümölcs szépnek tűnt a szem előtt. Az élet gőgös büszkesége bejött, és a gyümölcs kívánatossá vált, mint a bölcsesség forrása. Mivel Éva elfogadta ezt a kívánságot, meg akarta enni a gyümölcsöt, és meg is tette. A múltban nem volt szándéka az Igével szembeszállni, azonban, mivel a kívánsága motivált volt, a gyümölcs jónak és szépnek tűnt. Mivel Istenhez hasonlónak szeretett volna lenni, végül ellenszegült Istennek.

A hús kívánsága, a szem kívánsága és az élet büszke dicsekvése azt okozza, hogy elhiggyük: a bűn és gonoszság valójában jó és szerethető. A hús dolgai következnek ebből, majd a hús cselekedetei. Ezért, hogy a húsbeli dolgoktól megszabaduljunk, ezt a három fajta kívánságot meg kell hogy szüntessük. Ekkor kezdhetjük a hús kívánságait száműzni a szívünkből.

Ha Éva tudta volna, milyen nagy fájdalmat okoz a gyümölcs megevésével, nem érezte volna azt, hogy jó volt a szemnek, és ízletes ételként. Még azt is megvetette volna, hogy hozzáérjen, vagy ránézzen, nemhogy megegye. Hasonlóan, ha rájövünk, milyen nagy fájdalmat okoz számunkra az, ha szeretjük a világot, és arra, hogy büntetésként a Pokolba esünk, biztos nem fogjuk szeretni a világot. Amikor rájövünk, milyen értéktelenek a bűntől foltos világi dolgok, könnyedén félre tudjuk dobni a kívánságunkat a hús iránt. Fejtsük ki ezt pontosabban.

A hús kívánsága

A hús kívánsága a természet, amellyel a húst követjük, és bűnöket követünk el. Ha olyan jellemzőink vannak, mint a gyűlölet, düh, önző kívánság, érzéki kívánság, irigység, büszkeség, a hús kívánsága felkeveredik. Amikor olyan helyzettel találkozunk, amelyben a bűnös természet felkeveredik, az érdeklődés és kíváncsiság felkeltődik bennünk. Azt fogjuk érezni, hogy a bűnök jók és szerethetők. Ezen a ponton a hús dolgai feltárulnak, és a hús cselekedeteivé fejlődnek.

Például tegyük fel, hogy egy új hívő eldönti, hogy nem iszik többé, de még mindig él benne a vágy, hogy alkoholt igyon, ami a hús dolga. Ha olyan helyre megy, mint egy bár, vagy oda, ahol az emberek alkoholt isznak, a hús vágya, hogy igyon, felkeveredik, feléled. Ez kiváltja az ember vágyát, és elvezeti oda, hogy valóban igyon, és megrészegedjen.

Hadd szolgáljak még egy példával. Ha a természetünk olyan, hogy mások felett ítélkezünk, bizonyára szeretünk másokról pletykákat hallani. Lehet, hogy azt hisszük: vidám dolog híreszteléseket hallani és terjeszteni, és másokról beszélni. Ha düh van bennünk, és van valami, ami nem felel meg nekünk, jól fog esni, és fel fog üdíteni, ha valakire vagy valamire feldühödünk emiatt. Ha megpróbáljuk kontrollálni magunkat, hogy ne kövessük a hús dolgait, és ne guruljunk dühbe, fájdalmasabbnak és elviselhetetlenebbnek gondoljuk azt. Ha büszke a jellemünk, lehet, hogy dicsekszünk önmagunkról. A büszkeségünkben lehet, hogy elvárjuk, hogy mások kiszolgáljanak, mert ezt a jellemet követjük, amink van. Ha gazdagok szeretnénk lenni, még olyan áron is el szeretnénk érni ezt a vágyat, hogy másoknak szenvedést, kárt okozunk. A hús vágya egyre nagyobb lesz, ahogy több bűnt követünk el.

Még ha egy ember új hívő, és a hite gyenge, akkor is, ha buzgón imádkozik, másokkal barátkozik a templomban, és tele van a Szentlélekkel, a hús vágya nem fog nagyon könnyen felébredni benne. Ha fel is ébred a hús vágya az agyának egy szegletében, az igazság segítségével hamar el tudja űzni. Azonban, ha abbahagyja az imát, és elveszíti a Szentlélek teljességét, az ellenséges ördögnek és Sátánnak helyet ad, és ezek újra felkorbácsolják a hús vágyát benne.

Mi a fontos a hús vágyának megszüntetésében? Az, hogy megtartsuk a Szentlélek teljességét, hogy a vágyunk, hogy keressük a szellemet erősebb legyen, mint a hús követésének vágya. Mindig éberek kell hogy legyünk spirituális értelemben, ahogy 1 Péter 5,8 mondja: *"Józanok legyetek, vigyázzatok; mert a ti ellenségetek, az ördög, mint ordító oroszlán szerte jár, keresvén, kit elnyeljen."*

Azért, hogy ezt tegyük, nem szabad megállnunk az állandó buzgó imával. Bár nagyon foglaltak vagyunk, mert Isten munkáját végezzük, ha abbahagyjuk az imát, elveszítjük a Szentlélek teljességét. Ekkor megnyílik az út a hús vágya előtt, amely felerősödik. Elkövethetünk bűnöket az elménkben, és később cselekedetben is. Ezért még Jézus is, Isten fia, jó példát mutatott az imádságban, mert vég nélkül imádkozott a földi életében. Soha nem szakadt meg az imája, mellyel az Atyához szólt, és megvalósította az Ő akaratát. Természetesen, ha elveted a bűnöket és eléred a szentséget, a hús vágya nem fog megerősödni, és nem fogod beadni a derekad a húsnak, és nem fogsz bűnözni. Azok, akik szentesültek, nem azért imádkoznak, hogy a hús vágyát elcsitítsák, hanem hogy a Szellem nagyobb teljességét elérjék, és jobban megvalósítsák Isten királyságát.

Mi van, ha emberi széklet van a ruhánkon? Nem csak lesöpörjük azt, hanem teljesen megmossuk szappannal is, hogy a szagtól is megszabaduljunk. Ha hernyó vagy féreg van a ruhánkon, meg fogunk lepődni, és azonnal le fogjuk söpörni onnan. Azonban a szív bűnei sokkal piszkosabbak, mint az emberi széklet vagy a hernyók. Ahogy Máté evangéliumának 15,18 részében látjuk: *„A mik pedig a szájból jőnek ki, a szívből származnak, és azok fertőztetik meg az embert,"* egy embert a csontjáig és a velejéig károsítanak, és nagy fájdalmat okoznak.

Mi van akkor, ha a feleség rájön, hogy a férjnek kapcsolata van? Milyen fájdalmas lenne ez a feleség számára! Ugyanez a helyzet fordított esetben. Vitákat fog okozni, és megtöri a családi békét, akár fel is törheti a családot teljesen. Ezért hamar félre kell dobnunk a hús kívánságát, mivel a bűnnek ad lehetőséget, és az előnytelen következményeknek.

A szem vágya

"A szem vágya" a szívet stimulálja a látással és hallással, és a személyt ráveszi, hogy a húsbeli dolgokat kövessen. Bár úgy hívjuk, hogy „a szem vágya," a szem vágya a látás, hallás és érzés útján jön az emberbe, ahogy felnövekednek. Azaz, amit látnak és hallanak, megrendíti a szívüket, és érzelmeket ad nekik, és ezzel megnyerik „a szem vágyát."

Amikor látsz valamit, ha érzelmekkel elfogadod, hasonló érzésed lesz, amikor megint valami hasonlót látsz. Ha nem is látjuk valójában ezt, ha hallod ezt a bizonyos dolgot, a múlt tapasztalatai eszedbe fognak jutni, és a szemed vágya újra feléled. Ha továbbra is a szem vágyát táplálod, a hús vágyát motiválni fogod, és végül bűnözni fogsz.

Mi történt, amikor Dávid meglátta Batshebát, Uriah feleségét, amint fürdött? Nem szabadult meg a szem vágyától, hanem elfogadta azt, ezzel feléledt benne a hús vágya, amely alapján magáévá tette az asszonyt. Végül, a feleséggel hált, és még a férjet is elküldte a harc frontjára, hogy ott meghaljon. Azzal, hogy ezt tette, Dávid nagy megpróbáltatást okozott saját magának.

Ha nem szabadulunk meg a szem vágyától, állandóan stimulálni fogja a bűnös természetünket. Például, ha obszcén dolgokat nézünk, a csaló elme bűnös természetét fogja motiválni. Ahogy látjuk a szemünkkel, a szem vágya belénk költözik, és a Sátán is a hamisság irányába űzi ki a bűnt.

Azok, akik hisznek Istenben, nem szabad hogy elfogadják a szem vágyát. Nem szabad meghallanod és meglátnod, ami hamis, és még olyan helyre sem szabad elmenned, ahol hamis dolgokkal kerülsz kapcsolatba. Függetlenül attól, hogy mennyit imádkozol, böjtölsz, vagy egész éjjel imádkozol, hogy a húsodat túllépd, ha a szemed vágyát nem szünteted meg, a hús vágya eláraszt, és még jobban fog motiválni téged. Ennek eredményeképpen nem tudod a húst nagyon könnyen eldobni magadtól, és azt fogod érezni, hogy nagyon nehéz a bűn ellen küzdeni.

Például háborúban, ha a városfalakon belüli katonák a városon kívülről kapnak ellátmányt, erőt kapnak, hogy továbbra is küzdjenek. A városfalakon belül nem lenne könnyű az ellenséget leküzdeni. Ezért ahhoz, hogy a várost legyőzzük, először körbe kell vennünk, és az ellátó utakat el kell vágnunk, hogy az ellenséges erő ne kaphasson ételt vagy fegyvert. Ha továbbra is támadunk, miközben ezt a helyzetet fenntartjuk, az ellenséges erő végül megtörik.

A példát felhasználva, ha az ellenséges erő a városon belül hamis, azaz, a bennünk lévő húsra utal ez, a városon kívüli erődítmények lennének a szem vágya. Ha nem szüntetjük meg a szem vágyát, nem lennénk képesek a bűnöket eldobni, böjtöléssel és imával sem, mivel a bűnös természet állandóan megerősödik. Először meg kell szüntetnünk a szem vágyát, és imádkoznunk és böjtölnünk kell, hogy a bűnös természettől megszabaduljunk. Ekkor leszünk képesek megszabadulni tőlük Isten kegyelméből és erejéből, és a Szentlélek teljességéből.

Hadd szolgáljak egy még egyszerűbb példával. Ha tiszta vizet öntünk egy edénybe, amelyben piszkos víz van, a piszkos víz végül tisztává változik. De mi történik, ha a tiszta vízzel együtt piszkosat is öntünk ezzel együtt? A piszkos víz az edényben nem válik tisztává, mindegy, hogy milyen sokáig töltjük a vizet, ha nem kizárólag tiszta vizet öntünk. Hasonlóképpen, nem szabad további hamisságokat elfogadnunk, csakis az igazságot, hogy a húst le tudjuk vetkőzni, és a szellem szívét tudjuk gyakorolni.

Az élet dicsekvő büszkesége

Az emberek hajlamosak arra, hogy büszkélkedjenek magukkal. „Az élet dicsekvő büszkesége" ezt jelenti: „a természetünkben lévő hiúság és dicsekvés, amelyet az élet élvezeteivel kapcsolatban érzünk." Például, ha a családunkról, gyerekünkről, férjünkről vagy feleségünkről, drága ruhákról, jó házról, ékszerekről akarunk dicsekedni. Elismerést akarunk a megjelenésünkkel vagy tehetségünkkel kapcsolatban. Még azt is eldicsekedjük, ha híres embereket vagy hírességeket, celebeket ismerünk. Ha benned van az élet dicsekvő büszkesége, értékeled a vagyont, hírességet, tudást, képességeket és megjelenést ezen a világon, és lelkesen ezeket keresed.

Azonban, mi haszna van ilyen dolgokról dicsekedni? A Prédikátorok 1,2-3 azt mondja, minden hasztalan a nap alatt.

Ahogy a 103,15 zsoltárban látjuk: *"Az embernek napjai olyanok, mint a fű, úgy virágzik, mint a mezőnek virága,"* az evilági dicsekvés nem adhat igaz értéket vagy életet. Inkább ellenséges Istennel, és halálhoz vezet. Ha eldobjuk az értelmetlen húst, szabadok leszünk a dicsekvéstől vagy vágytól, és csak az igazságot fogjuk követni.

Az 1 Korinthusiakhoz 1,31 azt mondja nekünk, hogy aki dicsekszik, az Úrban kell hogy tegye. Azt jelenti, hogy nem szabad azért dicsekednünk, hogy magunkat felemeljük, hanem csak Isten dicsősége miatt. Azaz, azt jelenti, hogy a keresztről vagy az Úrról dicsekszünk, aki megmentett minket, és a mennyei királyságról, amelyet Ő készített elő nekünk. Dicsekednünk kell a kegyelemről, áldásokról, dicsőségről, és bármiről, amit Isten adott nekünk. Amikor az Úrban dicsekszünk, Istennek tetszik ez, és anyagi és spirituális áldásokkal viszonoz bennünket.

Az embernek az a kötelessége, hogy tisztelve féljen Istentől, és szeresse Őt, és minden személy értékét úgy döntik majd el, hogy milyen mértékben válik spirituális emberré (Prédikátorok 12,13).

Amint eldobtuk az összes bűnt és gonoszságot, azaz a hús dolgait és cselekedeteit, és Isten elveszett képét visszaszerezzük, túlléphetjük az első ember, Ádám szintjét, aki egy élő szellem volt. Azt jelenti, hogy szellemi emberré, és teljes szellemmé válhatunk. Ezért, nem szabad ellátnunk a húst a vággyal, hanem Krisztussal kell csak felöltöztetnünk magunkat.

Negyedik fejezet
Az élő szellem szintjén túl

Amint ledöntöttük a húsbeli gondolatokat, a húsban működő lélek megszűnik, és csak a szellemben működő lélek marad meg.
A lélek engedelmeskedik az úrnak, a szellemnek, „áment" mondva.
Amikor az úr az úr feladatát látja el, a szolga pedig a szolgáét, azt mondjuk: a lelkünk virágzik.

- Az emberek korlátolt szíve

- Szellemi emberré válni

- Élő szellem, és művelt szellem

- A spirituális hit az igaz szeretet

- A szentség felé

A lélek megalakulása

Még az újszülött kisgyerek is emberi lény, de nem tud úgy működni, mint egy teljes emberi lény. Nincs tudása. Még a szüleit sem képes felismerni. Nem tudja, hogyan éljen túl. Hasonlóan, Ádám, aki élő szellemként alakult, először nem tudta ellátni a feladatait, mint ember. Csak miután a szellem tudásával megtelt, tudott igazi emberré válni. Úgy élt, mint az összes élőlény ura, ahogy megtanulta a szellem tudományát Istentől, fokozatosan. Abban az időben Ádám szíve maga volt a szellem, ezért nem kellett a „szív" szót használni.

Azonban, miután bűnözött, a szelleme meghalt. A szellem tudása apránként kiszivárgott belőle, és helyette a hús tudása jelent meg, melyet az ellenséges ördög és a Sátán adott neki. A szívét nem lehetett „szellemnek" hívni többé, és innentől kezdve „szívnek" hívták.

Eredetileg Ádám szíve Isten képére volt teremtve, aki a szellem. Ádám szíve oly mértékben tudott növekedni, amennyire eltöltötte azt a szellem tudása. Miután meghalt a szelleme, a hamisság tudása körülvette a szellemet, és a szív mérete bekorlátozódott. A lélek által, mely az ember ura lett, az ember elkezdett különböző tudást felhalmozni, és ezt a tudást különböző képpen használta fel. A különböző tudás, és ennek különböző felhasználásának megfelelően, az emberek szíve különböző képpen kezdett el mobilizálódni.

Ily módon még azok is, akik viszonylag nagy szívvel bírnak, nem bírnak túllépni bizonyos korlátokon, amelyeket az egyéni önhittségük, személyes kereteik és a saját elméleteik állítanak nekik. Azonban, ha egyszer elfogadtuk az Úr Jézust, megszáll bennünket a Szentlélek, és a szellemünk megszületik a Szellem által, át tudjuk ezeket a korlátokat szakítani. Továbbá, olyan mértékben, amennyire műveljük a szellem szívét, a korlátlan spirituális birodalmat érzékelhetjük és megtanulhatjuk.

Az ember korlátolt szíve

Amikor a lélek-ember Isten szavára hallgat, az üzenet először az agyába megy, aztán alkalmaz emberi gondolatokat. Ebből kifolyólag nem tudja a szívével elfogadni az Igét. Természetesen nem jön rá a spirituális dolgokra, és nem tudja magát megváltoztatni az igazsággal. Megpróbálja megérteni a spirituális birodalmat, a korlátolt szívén belül, így nagyon sokat ítélkezik. Sok félreértésbe keveredik, ítélkezik még a Bibliában lévő pátriárkákkal kapcsolatban is.

Amikor Isten azt parancsolta Ábrahámnak, hogy az egyetlen fiat, Izsákot áldozza fel, van, aki azt mondja, hogy nagyon nehéz

A lélek megalakulása

kellett hogy legyen Ábrahámnak, hogy engedelmeskedjen ennek. Valami ilyesmit mondanak: Isten megengedte neki, hogy három napon át utazzon a Móriáh hegyére, hogy Ábrahám hitét próbára tegye. Az úton Ábrahámnak elég ideje volt, hogy nagy kínokat megtapasztaljon, amíg azon gondolkodott, hogy vajon engedelmeskedjen-e Isten akaratának. Végül azonban azt választotta, hogy engedelmeskedik Isten szavának.

Volt Ábrahámnak ilyen problémája? Korán reggel elment, és még a felesége, Sára véleményét sem kérte ki. Teljes mértékben hitt Isten hatalmában és jóságában, aki a holtakat fel tudta támasztani. Ezért tudta a fiát, Izsákot feláldozni hezitálás nélkül. Isten látta a belső szívét, és elismerte a hitét és szeretetét. Ennek eredményeképpen Ábrahám a hit atyja lett, és „Isten barátjának" hívták.

Ha egy személy nem érti meg a hit és engedelmesség azon szintjét, amely Istennek kedvére van, félreértése lesz ezekkel a dolgokkal kapcsolatban, mivel a korlátolt szívén belül gondolkodik csak, és a hitének a standardján belül. Megérthetjük azokat, akik szeretik Istent teljes mértékben, és Isten kedvére tesznek, de csak olyan mértékben érthetjük meg őket, amennyire a bűneinket eldobjuk, és a szellemi szívünket műveljük.

Szellemi emberré válni

Isten a szellem, és azt szeretné, ha a gyerekei is a szellem embereivé válnának. Mit kell tennünk annak érdekében, hogy a szellem emberévé váljunk, akinek a szelleme uralja

165

a testét és a lelkét? Mindenekfölött, a hamis gondolatokat meg kell szüntetnünk, azaz a húsbeli gondolatokat, hogy a Sátán ne kontrollálhasson bennünket. Ehelyett meg kell hogy halljuk a Szentlélek hangját, aki megmozgatja a szívünket az igazság szavával. Meg kell engednünk, hogy a lelkünk teljesen engedelmeskedjen ennek a hangnak. Amikor Isten szavára hallgatunk, el kell azt fogadnunk egy „Ámennel," és komolyan kell imádkoznunk egészen addig, amíg megértjük a Szavának a spirituális jelentését.

Amikor ezt tesszük, a Szentlélek teljessége elönt bennünket, és a szellemünk lesz az urunk, és megérkezhetünk a spirituális dimenzióba, mivel minden nap beszélgetni fogunk Istennel. Ily módon, amikor a lélek engedelmeskedik az urának, aki a szellem, és teljesen úgy viselkedik, mint egy rabszolga, ekkor mondhatjuk, hogy a lelkünk „virágzik." Ha a lelkünk virágzik, mindenben virágzóak leszünk, és egészségesek maradunk.

Ha világosan megértjük a lélek működését, és oly módon szerezzük vissza, hogy az Istennek tetsző legyen, akkor nem fog a Sátán többé felbujtani bennünket Ily módon visszaszerezhetjük Isten elvesztett képét, melyet Ádám veszített el a bukása miatt. A szellem, lélek és test közötti sorrend ily módon helyesen lesz felállítva, és Isten igaz gyermekeivé válhatunk. Még túl is mehetünk az élő szellem határán, amely Ádám szintje volt. Nem csak hogy megkapjuk a tekintélyt és hatalmat, hogy minden fölött uralkodjunk, hanem örök örömöt is fogunk élvezni, valamint boldogságot a mennyei királyságban, amely magasabb szinten van, mint az Édenkert. Ahogy látjuk a 2 Korinthusiakhoz 5,17-ben: *„Azért ha valaki Krisztusban van, új teremtés [az]; a régiek elmúltak, ímé, újjá lett minden."* Teljesen új teremtménnyé válunk az Úrban.

Élő szellem és művelt szellem

Amikor engedelmeskedünk Isten parancsainak, amelyek arra tanítanak, hogy ne tegyünk meg bizonyos dolgokat, míg másokat igen, azt jelenti, hogy nem követjük el a hús dolgait, és az igazságban megmaradunk. Ugyanilyen mértékben, egyre jobban szellemi emberré válunk. Addig, amíg a hús emberei vagyunk, akik a hamisságot gyakorolják, különböző gondjaink lehetnek, vagy megbetegedhetünk, de ahogy szellemi emberekké váltunk, mindenben virágozni fogunk, és egészségesek is leszünk.

Ahogy eldobjuk a gonoszságot, mivel Isten azt kéri, hogy bizonyos dolgoktól szabaduljunk meg, a „húsbeli dolgaink" és húsbeli gondolataink szétesnek. A lelkünk az igazsághoz fog tartozni. Mivel csak az igazságban gondolkodunk, egyre tisztábban fogjuk hallani a Szentlélek hangját. Ha teljesen engedelmeskedünk Isten parancsainak, amelyek arra tanítanak, hogy tartsuk meg, ne kövessük el, és szabaduljunk meg bizonyos dolgoktól, elismerhetnek bennünket, mint szellemi embereket, mivel nincs bennünk semmi hamisság. Továbbá, ha teljesen megvalósítjuk Isten parancsait, amelyek arra tanítanak, hogy bizonyos dolgokat megtegyünk, teljesen szellemi emberekké válunk.

Továbbá, nagy különbség van ezek között a szellemi emberek és Ádám között, aki valamikor élő szellem volt. Ádám semmit nem tapasztalt meg az emberi művelés alatt, ami húsbeli volt, így nem volt teljesen szellemi lénynek tekinthető. Soha nem tudott megérteni semmit a fájdalomról, halálról, elkülönítésről, amelyet a hús okoz. Ez azt jelenti, hogy nem tudott igaz megbecsülést, köszönetet vagy szeretetet érezni. Annak ellenére, hogy Isten nagyon szerette őt, nem tudta értékelni, hogy milyen jó volt ez a szeretet. A legjobb dolgokat élvezte, de nem érezhette, hogy nagyon boldog volt. Nem lehetett Isten igaz gyermeke, aki a szívét Istennel meg tudta volna osztani. Csak miután valaki átmegy a húsbeli dolgokon, és megismeri őket, válhat igazán spirituális lénnyé.

Amikor Ádám egy élő szellem volt, semmit nem tapasztalt meg, ami testi volt. Mindig megvolt a lehetősége, hogy elfogadja ezeket, és korrupt legyen. Ádám szelleme nem egy teljes és tökéletes szellem volt igazi értelemben, hanem egy olyan szellem, amely meghalhatott. Ezért hívták élő lénynek, azaz élő szellemnek. Lehet, hogy azt kérdik: egy élő szellem hogyan fogadhatta el a Sátán csábítását? Hadd mondjak el egy allegóriát itt.

Tegyük fel, hogy van két nagyon engedelmes gyerek egy családban. Egyiküket egyszer leforrázta a forró víz, míg a másikkal soha nem történt ilyen. Egy napon az anyjuk rámutatott egy vízforralóra, amelyben forrt a víz, és azt mondta nekik, hogy ne érjenek hozzá. Általában engedelmeskednek az anyjuknak, tehát nem érintették meg.

Azonban az egyik gyerek korábban már megtapasztalta, hogy

A lélek megalakulása

a forró edény veszélyes, így ő akar engedelmeskedni. Az anyjukat is megérti, hogy szereti őket, és megpróbálja megvédeni őket azzal, hogy figyelmezteti őket. Másrészről, a másik gyerek, akinek nem volt ilyen tapasztalata, kíváncsiságot érez, amikor meglátja a vízforralót, hogy a gőz kiáramlik belőle. Valószínű nem érti az anyja szándékát. Megvan az esély, hogy kíváncsiságból meg akarja érinteni a forralót.

Ugyanez volt a helyzet az élő szellemmel, Ádámmal. Hallotta, hogy a bűnök és a gonoszság félelmetes, de soha nem tapasztalta meg őket. Nem volt módja, hogy megértse pontosan: mi a gonoszság és a bűn. Mivel nem tapasztalta meg a dolgok relativitását, végül engedett a Sátán kísértésének, a saját szabad akaratából, és evett a tiltott gyümölcsből.

Ádámmal ellentétben, az élő szellem, amely soha nem tapasztalta meg a különböző dolgok relativitását, Isten igaz gyermekeket akart, akik – miután megtapasztalták a húst – szellemi szívvel bírtak, és akik soha nem változtatnák meg a szívüket, semmilyen körülmények között. Nagyon jól értik az ellentétet a hús és a szellem között. Megtapasztalták a bűnt és a gonoszságot, fájdalmat, szomorúságot ezen a világon, tehát tudják, mennyire fájdalmas, piszkos és értelmetlen a hús és a test. Nagyon jól ismerik a szellemet, amely a hús ellentéte. Tudják, milyen jó és szép. A saját szabad akaratukból soha többé nem fogják a húst elfogadni. Ez a különbség az élő szellem és a művelt szellem között.

Egy élő szellem feltétel nélkül engedelmeskedik, míg a művelt szellem a szívéből engedelmeskedik, miután megtapasztalta a jó és a rossz dolgokat. Továbbá, azok a szellemi emberek, akik eldobtak maguktól minden bűnt és gonoszságot, abban az áldásban részesülnek majd, hogy bemennek a mennyország harmadik királyságába, amely a mennyország különböző lakóhelyeinek egyike, a teljes szellemű emberek részére, Új Jeruzsálem városában.

A spirituális hit az igaz szeretet

Amint a hitbeli menetelésünkben szellemi emberekké válunk, egy teljesen más dimenzió örömét és boldogságát leszünk képesek érezni. Igaz béke költözik a szívünkbe. Mindig örülni fogunk, vég nélkül imádkozni fogunk, és mindenért köszönetet mondunk, mint az 1 Tesszalonika 5,16-18-ban. Megértjük Isten szívét és akaratát, amikor igaz boldogságot ad nekünk, így teljes szívvel szerethetjük Istent, és hálásak lehetünk Neki.

Azt hallottuk, hogy Isten szeretet, de mielőtt spirituális emberré válunk, nem ismerhetjük meg igazán ezt a szeretetet. Csak miután megismerjük Isten gondviselését, az emberi művelés során, érthetjük meg, hogy Isten maga a szeretet, és hogyan kell Őt mindenekfölött szeretnünk.

Ameddig nem dobjuk el a húst a szívünkből, a szeretetünk és hálánk nem igazak. Bár azt mondjuk, hogy szeretjük Istent, és hálásak vagyunk neki, meg tudjuk változtatni az életünk folyását, amikor a dolgok nem előnyösen alakulnak számunkra. Amikor

A lélek megalakulása

a dogok jók, azt mondjuk, hogy hálásak vagyunk, de hamar elfelejtjük a hálát. Ha nehéz dolgok állnak előttünk, ahelyett, hogy a hálára emlékeznénk, frusztrálttá vagy dühössé válunk. Elfeledkezünk a hálánkról, és a kegyelemről, amit kaptunk.

A szellemi emberek hálája a szívük mélyéről ered, és még az idő múlásával sem múlik. Megértik Isten gondviselését – aki az embereket műveli – annak ellenére, hogy nagyon nagy fájdalommal jár, és a szívük mélyéről, igazán hálát adnak. Igazán szeretnek, és hálát adnak az Úr Jézusnak, aki felvette a keresztet értünk, és a Szentléleknek is, aki elvezet bennünket az igazságra. A szeretetük és hálájuk soha nem változik meg.

A szentség felé

Az emberek korrumpálódtak a bűnnel, de miután elfogadják a Jézus Krisztust és az üdvösség kegyelmét megkapják, a Szentlélek hitével és hatalmával meg tudnak változni. Túl tudnak menni az élő szellem szintjén. Olyan mértékben, amennyire a hamisságok elhagyják őket, megtelnek az igazsággal, és szellemi emberekké válhatnak azzal, hogy elérik a szentséget.

A legtöbb esetben, amikor az emberek gonosz dolgokat látnak, összekapcsolják azt, amit látnak a bennük lévő hamissággal, ezért gonoszsággal gondolkodnak és éreznek. Ily módon hajlamosak arra, hogy gonosz cselekedeteket kövessenek el. Azonban azokban, akik szentesültek, nincs semmi gonoszság, ily módon semmilyen gonosz gondolat vagy cselekedet nem származik tőlük. Nem látnak gonosz dolgokat, de ha észre is vesznek ilyeneket, nem kapcsolják össze ezeket gonosz gondolatokkal vagy cselekedetekkel.

Akkor válunk szentté, ha tiszta szívet műveltünk magunkban, folt vagy tisztátalanság nélkül azzal, hogy még azt a gonoszságot is kiirtottuk magunkból, amely a szívünk legmélyén van. Azok, akiknek csak spirituális gondolataik vannak, azaz azok, akik csak az igazságban látnak, hallanak, beszélnek vagy cselekszenek, Isten igaz gyermekeinek számítanak, akik a szellem szintjén túlmentek.

Ahogy 1 János 5,18-ban láttuk: *„Tudjuk, hogy valaki Istentől született, nem vétkezik: hanem a ki Istentől született, megőrzi magát, és a gonosz nem illeti őt,"* a spirituális birodalomban a hatalom az, ha valaki bűntelen. Ha nincs bűn, az a szentség. Emiatt visszaszerezhetjük a tekintélyt, amit Ádámnak adtak, az élő szellemnek, és le tudjuk győzni az ellenséges ördögöt és a Sátánt, oly mértékben, amennyire leküzdöttük a bűneinket.

Amikor a szellem embereivé válunk, az ördög hozzánk sem tud érni, és amikor a teljes szellem embereivé válunk, és szeretetet és jóságot halmozunk fel, képesek leszünk a Szentlélek hatalmas munkáit megnyilvánítani, és nagy és csodálatos dolgokat megvalósítani.

A szentesüléssel válhatunk a szellem és a teljes szellem embereivé (1 Tesszalonikaikhoz 5,23). Ha Istenre gondolunk, aki az emberiséget műveli, és oly régóta türelmes velünk, hogy igaz gyermekeket kapjon, megérthetjük, hogy a legértelmesebb dolog az életben az, ha a szellem és a teljes szellem embereivé válunk.

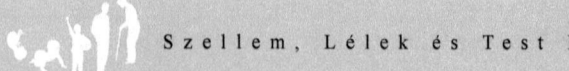
Szellem, Lélek és Test I

Harmadik rész

A szellem újjáépítése

A hús vagy a szellem embere vagyok?
Miben különbözik a szellem a teljes szellemtől?

„Felele Jézus: Bizony, bizony mondom néked:
Ha valaki nem születik víztől és Lélektől,
nem mehet be az Isten országába.
A mi testtől született, test az;
és a mi Lélektől született, lélek az."

- János 3,5-6

Első fejezet
Szellem és teljes szellem

Mivel a szellemük halott, az embereknek szükségük van az üdvösségre. A keresztény életünk az a folyamat, amelynek során a szellemünk megnő, miután felélesztettük azt.

- Mi a szellem?

- A szellem visszaszerzése

- A szellem növekedési folyamata

- A jó talaj művelése

- A hús nyomai

- Bizonyíték arra, hogy teljes szellemben vagyunk

- Áldások, amelyek a szellemi és teljes szellemben lévő embereknek járnak

A szellem újjáépítése

Az ember szelleme meghalt Ádám bűne következtében. Ettől kezdve a lélek az ember ura. Állandóan elfogadja a hamisságokat, és a vágyait követi. Végül nem üdvözülhet. Mivel a lélek ellenőrzése alatt áll, amelyet a Sátán irányít, bűnözik, és a pokolra jut. Ezért minden egyes embernek üdvözülni kell. Isten igaz gyermekeket keres, akik az emberi művelés során üdvözülnek, azaz szellemi és teljes szellemi embereket keres.

Ahogy az 1 Korinthusiakhoz 6,17 tartalmazza: *„ki pedig az Úrral egyesül, egy lélek ő vele."* Isten igaz gyermekei azok, akik szellemben Jézus Krisztussal egyesültek.

Ahogy elfogadjuk Jézus Krisztust, a Szentlélek segítségével az igazságban kezdünk élni. Ha teljesen az igazságban élünk, azt jelenti, hogy szellemi emberekké váltunk, akiknek a szíve az Úré. Ez van akkor, amikor egy szellem vagyunk az Úrral. Azonban az ember szelleme teljesen más, mint az Úré. Isten szelleme fizikai test nélküli, de az ember szelleme egy fizikai test által határolt. Isten szellemének alakja a mennyországhoz tartozik, míg az ember szellemének alakja a fizikai testtől függ, amely a föld porából keletkezett. Valóban nagy különbség van Isten, a

Teremtő és az emberi lények között, akik teremtmények.

Mi a szellem?

Sokan azt gondolják, hogy a „szellem" szó felcserélhető a „lélek" szóval. *A The Merriam-Webster's Dictionary* szerint a szellem „egy lelki vagy vitális elv, amely a fizikai szervezeteknek életet ad, vagy egy szupranaturális lénynek vagy lényegnek." Azonban Isten szerint a szellem valami, ami soha nem hal meg, soha nem változik vagy romlik meg, hanem örök. Az igazság és az élet maga. Ha valami olyant szeretnénk találni, ami a szellem jellemzőihez hasonlít a földön, az arany lenne ez. A csillogás soha nem változik meg, még az idő teltével sem, és nem romlik meg, és nem változik meg soha. Ezért Isten a hitünket összehasonlítja a tiszta arannyal, és a mennyei házakat is úgy alakítja a Mennyországban, hogy aranyból, és más drágakövekből legyenek.

Az első ember, Ádám megkapta Isten eredeti természetének egy részét, amikor Isten az orrlyukaiba lehelte az élet leheletét. Úgy teremtődött, mint egy tökéletlen szellem. Azért, mert a lehetősége megvolt, hogy visszatérjen húsbeli élőlénnyé, a talaj jellemzőivel. Nem csak „szellem" volt. „Élő szellem" volt, amely „élő lény" volt.

Miért teremtette meg Isten Ádámot, mint élő szellemet?

Azért, mert azt akarta, hogy Ádám túlmenjen az élő szellem dimenzióján úgy, hogy megtapasztalja a húst az emberi művelés során, és teljes szellemű emberré váljon. Ez nem csak Ádámra vonatkozik, hanem az összes leszármazottjára is. Emiatt Isten előkészítette a Megmentőt, Jézust, valamint a Segítőt, a Szentlelket, még az idők kezdete előtt.

A Szellem visszaszerzése

Ádám az Édenkertben lakott, mint élő szellem, mérhetetlenül hosszú ideig, azonban végül a hibája következtében az Istennel való kommunikálását megszigorították. Abban az időben a Sátán elkezdte a hamisság tudását elplántálni benne, a lelkén keresztül. Ebben a folyamatban a szellem tudása, amelyet Istentől kapott, elkezdett eltűnni, és helyére a hús tartalma került, ami nem más, mint a hamisság tudása, amely a Sátántól származik.

Ahogy az idő múlt, a hús egyre jobban kitöltötte az embert. A hamisság körülfogta és elfojtotta az élet magját az emberben. A hamisság korlátozta és körbekerítette az élet magját, hogy teljesen cselekedés képtelenné váljon. Amikor az élet magja teljes mértékben cselekedet-képtelenné válik, azt mondjuk: a szellem „halott." Ha azt mondjuk, hogy a szellem halott, azt jelenti, hogy Isten fénye – mely aktiválhatná – eltűnt. Mit kell tennünk annak érdekében, hogy a halott magot újra aktiváljuk?

Először is: vízből és a Szellemből kell megszületnünk.

Ahogy hallgatjuk Isten igéjét, ami az igazság, és elfogadjuk Jézus Krisztust személyes Megmentőnkként, Isten a szívünkbe küldi ajándékként a Szentlelket. Jézus ezt mondta János 3,5-ben: *„Felele Jézus: Bizony, bizony mondom néked: Ha valaki nem születik víztől és Lélektől, nem mehet be az Isten országába."* Ebből a versből látjuk, hogy az után üdvözülhetünk, miután vízből megszületünk, ami az Isten Igéje, és a Szentlélek.

A Szentlélek a szívünkbe költözik, és az élet magját feléleszti bennünk. Ez a halott szellemünk feléledése. Segít bennünket levetkőzni a húst, ami a hamisság, a lélek hamis munkáit megszüntetni, és ellát bennünket az igazság tudásával. Ha nem száll meg bennünket a Szentlélek, a halott szellemünk nem éledhet újra, és az Isten Igéjében rejlő spirituális értelmet sem érthetjük meg. Az ige, amit nem értünk meg, nem szállhat a szívünkbe, és nem nyerhetünk spirituális hitet. Lehet spirituális megértés és hit bennünk, de kizárólag a Szentlélek segítségével. Ezzel együtt megkaphatjuk az erőt, hogy Isten Szavát gyakoroljuk, és eszerint éljünk, amikor imádkozunk. Az Ő segítsége nélkül az imák által, nem lesz erőnk, hogy az Igét gyakoroljuk.

Másodszor: a Szellem által folyamatosan meg kell szüljük a szellemet.

Ha a halott szellemünk feléled azzal, hogy a Szentlélek megszáll bennünket, a szellemünket meg kell hogy töltsük az

A szellem újjáépítése

igazság tudásával. Ez jelenti azt, hogy a Szellem segítségével megszüljük a szellemet. Ahogy kitartóan imádkozunk a Szentlélek segítségével, hogy a bűneinktől megszabadulhassunk, akár a vérünk ontása által, a szívben levő gonoszság és hamisság el fog tűnni. Továbbá: amilyen mértékben elfogadjuk a Szentlélek adta igazság tudását – ami jóság, szeretet, igazságosság, alázatosság – a szívünkben egyre több igazság és jóság lesz. Más szavakkal, az igazság elfogadása a Szentlélek által azt jelenti, hogy megfordítjuk a lépéseket, amelyek az ember korrumpálása óta történtek, Ádám bűnének következtében.

Vannak azonban olyan emberek, akiket ugyan megszállt a Szentlélek, de nem változtatták meg a szívüket. Nem követik a Szentlélek kívánságait, hanem továbbra is a bűnben élnek, mert a test kívánságait követik. Először megpróbálják a bűneiket eldobni, azonban egy idő után langyossá válik a hitük, és már nem küzdenek a bűneik ellen. Amint megszűnnek a bűneik ellen harcolni, a világgal barátságot kötnek, vagy bűnöket követnek el. A szívük, amely egyre tisztább és fehérebb lett, újra bűntől foltos lesz. Bár a Szentlélek megszállt bennünket, ha a szívünk állandóan elmerül a hamisságban, a bennünk lévő élet magja nem tud újjáéledni.

Az 1 Tesszalonikaiakhoz 5,19 így figyelmeztet: *„Ne oltsátok ki a szellemet."* Lehet, hogy elérünk egy állapotot, ahol ugyan élünk még, azonban, amennyiben nem változtatunk magunkon, miután a Szentlelket megkaptuk, meghalunk (Jelenések 3,1). Ha meg is szállt bennünket a Szentlélek, fokozatosan kialszunk, mert

181

továbbra is a gonoszságban és a bűnben élünk.
Ezért, folyamatosan meg kell próbálnunk megváltoztatni a szívünket, amíg teljesen igaz szívvé nem válik. Az 1 János 2,25 ezt tartalmazza: „*És az az ígéret, a melyet ő ígért nékünk: az örök élet.*" Igen, Isten egy ígéretet tett nekünk. Azonban ennek van egy feltétele.

Az, hogy egyesülnünk kell Istennel és az Úrral, az Ige gyakorlása által, amit meghallgattunk, mert így fog Isten örök életet adni nekünk. Nem üdvözülhetünk akkor sem, ha csak állítjuk: hiszünk Istenben és az Úrban.

A szellem növekedési folyamata

János 3,6 ezt tartalmazza: „*A mi testtől született, test az; és a mi Lélektől született, lélek az.*" Amint látjuk, nem szülhetjük meg a szellemet, amíg a húsban élünk.

Ezért, ha a Szentlélek megszállt bennünket, és a halott szellemünk feléledt, a szellemnek tovább kell növekednie. Mi van, ha egy bébi nem nő meg eléggé? A gyerek nem lenne képes normális életet élni. Ugyanez van a spirituális élettel. Isten gyermekei, akik életet nyertek, tovább kell hogy növeljék a hitüket, és a szellemüket fel kell nevelniük.

A Biblia azt mondja, hogy mindenki hitének a mértéke más (Rómaiakhoz 12,3). Az 1 János 2,12-14-ban azt látjuk, hogy a hitnek különböző szintjei vannak, és megkülönbözteti a kisgyerekek, gyerekek, fiatalok és apák hitét:

A szellem újjáépítése

Írok néktek, gyermekek, mert a ti bűneitek megbocsáttattak az ő nevéért. Írok néktek atyák, mert megismertétek azt, a ki kezdettől fogva van. Írok néktek ifjak, mert meggyőztétek a gonoszt. Írok néktek fiacskák, mert megismertétek az Atyát. Írtam néktek atyák, mert megismertétek azt, a ki kezdettől fogva van. Írtam néktek ifjak, mert erősek vagytok, és az Isten ígéje megmarad bennetek, és meggyőztétek a gonoszt.

Amilyen mértékben jó szívvé változtatjuk a szívünket, Isten hitet ad felülről. Ez a hit, amellyel szívből hinni tudunk, és ez azt jelenti, hogy „megszültük a szellemet a Szellem által." Ezt teszi a Szentlélek: a Szentlélek megengedi nekünk, hogy megszüljük a szellemet, és a hitünket növeljük. A Szentlélek beköltözik a szívünkbe és megtanít bennünket a bűneinkre, az igazságra és az ítéletre (János 16,7-8).

Abban is segít, hogy megértsük az Isten Igéjében rejlő spirituális jelentést, és a szívünkkel elfogadjuk. Ebben a folyamatban visszanyerhetjük Isten képét, és Isten igaz gyermekévé válhatunk, mint a szellemi és teljes szellemi emberek.

Ahhoz, hogy a szellemünk felnőhessen, először le kell rombolnunk a húsbeli gondolatainkat. A húsbeli gondolatok akkor keletkeznek, ha a szívünkben lévő hamisság előtör, a lélek hamis működése által. Például ha gonoszság van a szívedben, és azt hallod, hogy valaki pletykált rólad, először hamis lélekműködéssel válaszolsz. Húsbeli gondolatod támad, mert arra gondolsz, hogy ez a személy durva, és megsértődsz, valamint más negatív érzés is előtörhet.

Ekkor elmondhatjuk, hogy a Sátán ellenőrzi a lelkedet. A Sátán az, aki a gonosz gondolatokat elplántálja benned. A lélek ilyen működése által a szívbeli hamisságok, amelyek a hús dolgai, mint a düh, gyűlölet, neheztelés, büszkeség, felkeverednek. Ahelyett, hogy másokat próbálnánk megérteni, a személyt azonnal letámadjuk.

A korábban említett húsbeli dolgok a húsbeli gondolatokhoz is tartoznak. Ha valaki önelégültsége, önfelfogása, vagy a saját elméletei a lélek működésén át jönnek, ezek is a hús dolgainak számítanak. Tegyük fel, hogy egy személynek olyan referencia keretei vannak, amelyek szerint azt gondolja, hogy helyes, ha nem tesz kompromisszumot a hitében. Azt fogja gondolni, hogy az ötletei helyesek, és másokkal veszekedni fog akkor is, ha át kellene gondolnia mások hitbeli szintjét, és más körülményeket is. Tegyük fel, hogy valakinek van egy gondolkodásmódja egy bizonyos témáról, és azt hiszi, hogy nehéz lesz elérni valamit, mert a helyzet nehéz. Ez is húsbeli gondolatnak számít.

Még a Szentlélek megérkezése után is, miután elfogadtuk a Jézus Krisztust, még mindig lesznek húsbeli gondolataink olyan mértékben, amennyire nem szabadultunk meg a hústól. Spirituális gondolataink lesznek, amikor az igazságot megpróbáljuk visszaszerezni, ami az Isten Igéje, azonban húsbeli gondolataink lesznek, amikor a hamisság tudását szerezzük vissza. A Szentlélek nem mobilizálhatja az igazság tudását, amennyiben nem szabadulunk meg a húsbeli gondolatoktól.

A szellem újjáépítése

A Rómaiakhoz írt levél 8,5-8 ezt tartalmazza: „*Mert a test szerint valók a test dolgaira gondolnak; a Lélek szerint valók pedig a Lélek dolgaira. Mert a testnek gondolata halál; a Lélek gondolata pedig élet és békesség. Mert a test gondolata ellenségeskedés Isten ellen; minthogy az Isten törvényének nem engedelmeskedik, mert nem is teheti. A kik pedig testben vannak, nem lehetnek kedvesek Isten előtt.*"

Ez a rész azt sugallja, hogy csak akkor érhetjük el a szellemi szintet, ha a húsbeli gondolatainktól megszabadulunk. Akik a húsban élnek, csak húsbeli gondolataik lehetnek, és ennek eredményeképpen olyan gondolataik, szavaik és viselkedésük lesz, amely Isten ellen való.

Egy nagyon szembeötlő példája annak, amikor a húsbeli gondolatok miatt szemben állunk Istennel Saul király esete az 1 Sámuel 15-ben. Isten azt parancsolta neki, hogy támadja meg Amaleket, mondva, hogy mindent pusztítson el ott. A büntetés része volt, amit azért kaptak, mert Isten ellen álltak nagy mértékben a múltban.

Azonban miután Saul megnyerte a harcot, elhozta a jó állományt, mondván, hogy fel akarja áldozni Istennek. Amalek királyt is elfogta ahelyett, hogy elpusztította volna. A munkájával akart hivalkodni. Ellenkezett, mivel húsbeli gondolatai voltak, amelyek a kapzsiságából és arroganciájából származtak. Mivel a szemei megvakultak a kapzsiság és arrogancia miatt, a húsbeli gondolatait folytatta, míg végül szörnyű balesetben meghalt.

Az alapvető ok, amiatt húsbeli gondolataink vannak az, hogy hamisság van a szívünkben. Ha csak az igazság tudása van a szívünkben, soha nem lesz húsbeli gondolatunk. Azok, akiknek nincsenek húsbeli gondolataik, természetesen csak spirituális gondolataik lesznek. Engedelmeskednek a Szentlélek hangjának és utasításának, így Isten szeretheti őket, és megtapasztalhatják az Ő munkáit.

Szorgalmasan meg kell szabadulnunk a hamisságoktól, és meg kell töltenünk magunkat az igazsággal, ami az Isten szava. Az igazsággal megtelni nem azt jelenti, hogy csak a fejünkben létezik, hanem a szívünket Isten Igéjével kell hogy megtöltsük és műveljük. Ugyanakkor a saját gondolatinkat spirituális gondolatokkal kell hogy megtöltsük. Amikor másokkal kapcsolatba lépünk, vagy bizonyos eseményeket látunk, a saját véleményünknek megfelelően nem szabad hogy ítéleteket alkossunk és elítéljünk másokat, hanem meg kell hogy próbálnunk az igazságban látni őket. Állandóan ellenőriznünk kell, hogy vajon másokat szeretettel, jósággal és igazsággal kezeltünk-e, minden percben az igazságnak megfelelően, hogy meg tudjunk változni. Ily módon fel tudunk nőni spirituális értelemben.

A jó talaj művelése

A Példabeszédek 4,23 ezt tartalmazza: *"Minden féltett dolognál jobban őrizd meg szívedet, mert abból indul ki [minden] élet."* Azt mondja, az élet forrása, amely örök életet ad

A szellem újjáépítése

nekünk, a szívben van. Csak az után tudjuk a gyümölcsöt learatni, hogy a magokat elvetettük, hogy kikelhessenek, virágozhassanak, majd gyümölcsöt hozhassanak. Hasonlóképpen, a spirituális gyümölcsöket csak az után teremhetjük, miután Isten Igéjének magja a szívünk mezejére hullik.

Isten Igéje, ami az élet forrása, két funkcióval bír, amikor a szívben elvetjük. Kiszedi a bűnöket és a hamisságot a szívünkből, és segít gyümölcsöt teremni. A Biblia nagyon sok parancsolatot tartalmaz, és ezek a következő négy kategóriába tartoznak: „Tedd," „Ne tedd," „Tartsd meg" és „Dobd el." Például a Biblia azt mondja, hogy „dobjuk el" a kapzsiságot, és a gonoszság összes formáját. A „Ne tedd" példái lehetnek a „ne utáld," „ne ítéld el." Ahogy ezeknek a parancsoknak engedelmeskedünk, a szívünkből a magok ki lesznek húzva. Azt jelenti: az Isten Igéje a szívünkbe költözik és megműveli azt, hogy jó termőtalaj legyen belőle.

Azonban hasztalan lenne, ha a szántás után teljesen leállnánk. A felszántott földbe le kell vetnünk az igazság és jóság magját, hogy a Szentlélek kilenc gyümölcsét teremhessük, és a gyönyörűségek és a spirituális szeretet áldását teremjük. Gyümölcsöt teremni azt jelenti, hogy engedelmeskedünk a parancsolatoknak, amelyek azt mondják, hogy tartsunk be bizonyos dolgokat, és engedelmeskedjünk nekik. Ahogy Isten parancsolatait megtartjuk és gyakoroljuk, végül megteremhetjük a gyümölcsöket.

A spirituális emberré válás folyamata – ahogy e könyv első felében, a „Művelés" fejezetben elmagyaráztam, ugyanaz, mint a szívünk mezejének a művelése. A műveletlen földet jó termőtalajjá kell hogy alakítsuk, fel kell hogy szántsuk, ki kell szednünk a köveket, és ki kell húznunk a gyomokat. Hasonlóan, a hús minden dolgát és cselekedetét el kell hogy távolítsuk magunkból, Isten Szavának megfelelően, amely azt mondja nekünk „ne tegyünk," és „dobjunk el" bizonyos dolgokat. Minden személynek más és más a gonoszsága. Ha kihúzzuk a gonoszság gyökerét, amelyet a legnehezebbnek találunk, a gonoszság összes formája ezzel együtt ki fog jönni. Például ha egy személy, akiben nagymértékű féltékenység van, kitépi a féltékenység gyökerét, a gonoszság más formái, mint a gyűlölet, pletykaság, hamisság ezzel együtt mind távoznak.

Amint a düh fő gyökerét kihúzzuk magunkból, a düh más formái, mint az irritáció és a frusztráció is velük együtt távoznak belőlünk. Ha imádkozunk, és a dühünket megpróbáljuk megszüntetni, Isten kegyelmet és erőt ad, és a Szentlélek segít eldobni magunktól. Ha megpróbáljuk az igazságot alkalmazni a mindennapi életben, a Szentlélek teljessége megszáll bennünket, és a hús ereje elfogy. Tegyük fel, hogy valaki naponta tízszer lesz dühös, azonban, ahogy a gyakoriság lecsökken kilenc, hét, majd öt alkalomra, végül el fog tűnni. Ha így teszünk, és a szívünket jó termőtalajjá alakítjuk azzal, hogy a bűnös természetünktől megszabadulunk, a szívünk „szellemivé" válik.

Ennek tetejébe, el kell vetnünk az igazság szavát, amely azt mondja, hogy tegyünk, tartsunk meg bizonyos dolgokat, mint a szeretet, megbocsátás, szolgálat, és a szabbat megtartása. Itt nem próbáljuk meg magunkat megtölteni az igazsággal, csak miután

A szellem újjáépítése

az összes hamisságot kidobtuk magunkból. A hamisság kidobása és igazsággal való helyettesítése ugyanakkor kell hogy történjen. Ha már csak az igazság van a szívünkben, azt mondhatjuk, hogy a szellem emberévé váltunk.

Az egyik dolog, amit el kell hogy dobjunk annak érdekében, hogy szellemi emberré váljunk, az a gonoszság, ami az eredeti természetünkben van. Ha összehasonlítjuk a termőfölddel, ezek a gonoszságok az eredeti természetünkben olyanok, mint a talaj. Ezt a gonoszságot a szülők átadják a gyermekeknek az úgynevezett „ki" életenergia által. A felnövekedésünk alatt, ha kapcsolatba kerülünk és elfogadunk gonosz dolgokat, a természetünk annál gonoszabbá válik. A gonoszság az eredeti természetünkben nem kerül a felszínre normális esetben, és ezért nehéz erre rájönni.

Még ha minden gonoszságot és bűnt levetkőztünk is, ami a felszínen látszik, annak a gonoszságnak a megszüntetése, amely mélyen a természetünkbe van beágyazva, nagyon nehéz lesz. Annak érdekében, hogy ezt megtegyük, buzgón imádkoznunk kell, és erőfeszítést kell tennünk, hogy a felszínre hozzuk és megszabaduljunk tőle.

Bizonyos esetekben a spirituális fejlődésünk leáll, miután egy bizonyos szintet elértünk. Ez a bennünk lévő gonosz miatt van. Ahhoz, hogy a gyomokat kiszedjük, a gyökerüktől kell hogy kihúzzuk őket, nem elég, ha a leveleket és a szárat kihúzzuk. Hasonlóan, a szellem szíve a miénk lehet, de csak az után, miután rájöttünk és eltávolítottuk a bennünk lévő gonoszságot. Amint a szellem embereivé válunk ily módon, a lelkiismeretünk maga lesz az igazság, és a szívünkben csak az igazság fog lakozni. Azt jelenti, hogy a szívünk szellemmé vált.

A hús nyomai

A szellem embereiben semmi gonoszság nincs, és mivel tele vannak a Szentlélekkel, mindig boldogok. Ez nem teljes azonban. Még bennük van „a hús nyoma." A hús nyoma kapcsolatos mindenki személyiségével vagy eredeti természetével. Például vannak, akik igazságosok és egyenesek, de nem nagylelkűek vagy együtt érzőek. Vannak mások, akik tele vannak szeretettel, és szeretnek másoknak adni, de lehet, hogy túl érzelgősek, vagy a szavaik és viselkedésük durva.

Mivel ezek a jellemvonások, mint a hús nyomai megmaradnak a személyiségükben, akkor is befolyásolják őket, amikor szellemivé válnak. Ugyanaz, mint a ruhák, amelyeken régi foltok vannak. Az anyag eredeti színe nem nyerhető teljesen vissza, még akkor sem, ha nagyon erősen megmossuk. A hús ilyen nyomai nem gonoszak, de ezeket is el kell dobnunk, és teljesen el kell telnünk a Szentlélek kilenc gyümölcsével, amely által a teljes szellembe átmehetünk. Azt mondhatjuk, hogy egy olyan szív, amelyben egyáltalán nincs hamisság, és olyan, mint egy jól felszántott föld, ez a „teljes szellem."

Amikor Dávid király szellemivé vált, Isten egy próbát küldött rá. Egy napon Dávid megparancsolta Joábnak, hogy tartson népszámlálást. Megszámolták azokaz az embereket, akik képesek voltak háborúba menni. Joáb tudta, hogy ez nem helyes Isten szemében, és megpróbálta rávenni Dávidot, hogy ne tegye ezt. Azonban Dávid nem hallgatott rá. Ennek eredményeképpen elérte Isten haragja, és nagyon sok embert utolért a pestis, amibe belehaltak.

Dávid nagyon jól ismerte Isten akaratát, hogy okozhatta, hogy ez történjen? Dávidot hosszú ideje üldözte Saul király, és sok háborúban harcolt a hitetlenekkel. Egyszer üldözték, és az életére tört a saját fia. Hosszú idő után – miután a politikai ereje nagyon megszilárdult és a nemzet megerősödött – gondatlanná vált, mivel az elméje ellazult. Dicsekedni akart azzal, hogy milyen sok ember él az országban.

Az Exodus 30,12-ben ezt látjuk: *"Mikor Izráel fiait fejenként számba veszed, adja meg kiki életének váltságát az Úrnak az ő megszámláltatásakor, hogy csapás ne legyen rajtok az ő megszámláltatásuk miatt."* Isten egyszer azt parancsolta Izrael fiainak, hogy tartsanak népszámlálást az Exodus után, de ez azért volt, hogy ezek az emberek megszervezzék magukat. Mindenikük kiváltási díjat kellett hogy fizessen az Úrnak, és ez azért volt, hogy emlékezzenek: mindenki élete az Úrtól függött, hogy alázatosak legyenek. Népszámlálást tartani nem bűn önmagában, meg lehet tartani szükség esetén. Azonban Isten azt akarta, hogy Előtte alázatosak legyenek, elismerjék a hatalmat, amellyel Isten bír.

Azonban Dávid népszámlálást rendezett annak ellenére, hogy

Isten nem rendelte ezt el. Megmutatta a szívét, amely nem Istenre támaszkodott, hanem az emberekre, számára sok ember azt jelentette, hogy sok katonája van, és a nemzete erős volt. Amikor Dávid rájött a hibájára, azonnal megbánta, de már rátért a nagy erőpróbák ösvényére. A pestis Izrael teljes földjét elárasztotta, és több mint 70.000 ember meghalt.

Természetesen az, hogy ennyi ember meghalt, nem kizárólag Dávid tettének a következménye volt. Egy király bármikor elrendelhet népszámlálást, és az ő szándéka az volt, hogy ne bűnözzön. Ezért az emberek szemszögéből nem mondhatjuk, hogy bűnözött. Azonban a tökéletes Isten előtt arrogáns volt.

Vannak dolgok, amelyek nem gonoszak az ember szerint, de a tökéletes Isten előtt gonoszságnak számítanak. Ezek „a hús nyomai," melyek az után maradnak az emberben, miután szentesül. Isten azért engedte meg, hogy Izraelben ilyen megpróbáltatás történjen Dávid által, hogy még tökéletesebb legyen az által, hogy az ilyen foltokat is eltünteti magáról. Azonban az alapvető ok, amiért a pestis utolérte Izraelt az, hogy az emberek bűnei felébresztették Isten haragját. 2 Sámuel 24,1 ezt tartalmazza: *„Ismét felgerjede az Úrnak haragja Izráel ellen, és felingerlé Dávidot ő ellenek, ezt mondván: Eredj el, számláld meg Izráelt és Júdát."*

A pestisben a jó emberek, akik üdvözülhettek, nem kaptak büntetést. Akik meghaltak, azok voltak, akik olyan bűnöket követtek el, amelyek Isten előtt nem voltak elfogadhatóak. Dávid nagyon sokat gyászolt, és alaposan megbánta a bűnét, amikor azt látta, hogy az emberek meghalnak a viselkedése miatt. Isten szemszögéből Ő kétszer dolgozott, de ugyanazon az incidensen keresztül. Megbüntette a bűnös embereket, és ugyanakkor Dávidot kifinomította. A büntetés után Isten megengedte Dávidnak, hogy bűnáldozatot ajánljon fel Aranuah küszöbénél. Dávid azt tette, amit Isten kért tőle. Elment a helyre, és elkezdte a templom építését, tehát láthatjuk, hogy Isten kegyelmét újra megszerezte. Ezzel a próbával Dávid még jobban megalázta magát, és ez egy lépés volt számára, hogy a teljes szellem emberévé válhasson.

Bizonyíték arra, hogy teljes szellemben élünk

Ha elérjük a teljes szellem szintjét, lesznek bizonyítékok, ami azt jelenti, hogy a szellem bőséges gyümölcseit fogjuk teremni. Nem jelenti azt, hogy nem termünk gyümölcsöt, ameddig el nem érjük a teljes szellem szintjét. A szellem emberei a spirituális szeretet gyümölcseit termik állandóan, a Fény gyümölcseit, a Szentlélek kilenc gyümölcsét, és a Boldogságokat. Mivel még a termés fázisában vannak, ezeket a gyümölcsöket nem teremték még teljesen meg. Minden spirituális embernek különböző szinteken érnek be a szellemi gyümölcsei.

Például ha valaki engedelmeskedik Isten parancsainak, mely azt mondta, hogy „tartsunk meg" és „dobjunk el" bizonyos dolgokat, nem lesz benne gyűlölet vagy neheztelés semmilyen helyzetben. A szellem különböző emberei között azonban lesz különbség abban, hogy milyen gyümölcsöt teremnek. Például Isten azt mondja nekünk, hogy „szeressetek." Van egy szint, ahol egyszerűen nem utálsz másokat, és van egy másik szint is, ahol mások szívét meghatod az aktív szolgálattal. Továbbá van egy olyan szint is, ahol az életedet adod másoknak. Amikor ez a fajta cselekedet nem változik és tökéletes, azt mondhatjuk, hogy teljes szellemet műveltél.

Különbségek vannak abban is, hogy ki milyen mértékben termi a Szentlélek kilenc gyümölcsét. A szellemi emberek esetében egyik egy bizonyos gyümölcsöt teremhet, a teljes mérték 50%-áig, míg egy másik ember 70%-ig. Lehet, hogy valaki tele van szeretettel, de nincs önkontrollja, vagy nagyon hűséges, de nem alázatos.

Azonban a teljes szellemű emberek a Szentlélek összes gyümölcsét termik, 100%-ban. A Szentlélek teljesen irányítja a szívüket, így mindenben harmóniájuk van, és semmit sem hiányolnak. Az Úr iránt égő szenvedéllyel bírnak, de megvan bennük a tökéletes önkontroll ahhoz, hogy minden helyzetben megfelelően viselkedjenek.

Olyan gyöngédek és puhák, mint a vatta, de a méltóságuk és a tekintélyük olyan, mint az oroszláné. Megvan bennük a szeretet eléggé, hogy mások előnyeit keressék, mindenben, és még az életüket is feláldozzák másokért, de nem elfogultak. Isten igazságának eleget tesznek. Még akkor is, amikor Isten olyan valamit kér tőlük, ami lehetetlen az emberi ítélet szerint, ők egyszerűen „igent" vagy „áment" mondanak, és

A szellem újjáépítése

engedelmeskednek.

Kívülről úgy tűnhet, hogy a szellemi emberek és a teljes szellem embereinek az engedelmességi cselekedetei ugyanazok, azonban valójában különbözőek. A szellem emberei azért engedelmeskednek, mert szeretik Istent, de a teljes szellem emberei azért, mert megértik Isten mély szívét és szándékát. A teljes szellem emberei Isten igaz gyermekeivé váltak, akiknek olyan a szíve, mint az Övé, mivel Krisztus teljességét elérték minden tekintetben. Mindenben a szentséget keresik, és mindenkivel békében vannak, és Isten teljes házában hűségesek.

Az 1 Tesszalonikaiakhoz 4,3 ezt tartalmazza: *„Mert ez az Isten akaratja, a ti szentté lételetek, hogy magatokat a paráznaságtól megtartóztassátok;"* Az 1 Tesszalonikaiakhoz 5,23 ezt tartalmazza: *„Maga pedig a békességnek Istene szenteljen meg titeket mindenestől; és a ti egész valótok, mind lelketek, mind testetek feddhetetlenül őriztessék meg a mi Urunk Jézus Krisztus eljövetelére."*

A mi Urunk Jézus Krisztus eljövetele azt jelenti, hogy eljön, hogy elvigye az Ő gyermekeit a hétéves nagy megpróbáltatás előtt. Azt jelenti, hogy el kell érnünk a teljes szellem szintjét, és meg kell őriznünk magunkat teljesen, hogy találkozhassunk az Úrral, amikor eljön. Amikor elértük a teljes szellemet, a lelkünk és testünk szellemi lesz, és mivel hibátlanok leszünk, képesek leszünk az Urat fogadni.

Áldások a szellemi és teljes szellemű embereknek

A szellemi emberek szelleme virágzik, így minden más dolguk is virágzik, és egészségesek (3 János 1,2). Még a szívük mélyén lévő gonoszságot is leküzdötték, így Istennek igaz gyermekei ők, igaz értelemben. A Fény gyermekeiként élvezhetik a spirituális tekintélyt.

Először, egészségesek, és nem kapnak el egyetlen betegséget sem. Amikor szellemivé válunk, Isten megvéd bennünket a betegségektől és balesetektől, és egészséges életet élvezhetünk. Amikor megöregszünk, nem leszünk gyengék, és nem leszünk ráncosak. Továbbá, ha teljes szellemű emberré válunk, még a ráncaink is kisimulnak. Megfiatalodunk, és visszanyerjük az erőnket.

Amikor Ábrahám átment a próbán, és felajánlotta Izsákot, teljes szellemű emberré vált: száznegyven éves kora után is képes volt gyermekeket nemzeni. Azt jelenti, hogy megfiatalodott. Mózes alázatosabb és jámborabb volt, mint bárki más a földön, így életerővel dolgozott negyven éven át, miután nyolcvan éves korában Isten elhívta őt. Még amikor százhúsz éves volt, akkor is *„nem homályosodott vala meg az ő szeme, sem el nem fogyatkozott vala az ő ereje"* (5 Mózes 34,7).

**Másodszor, a szellemi emberekben nincs gonoszság, így az ellenséges ördög és a Sátán nem tudnak megpróbáltatásokat és

A szellem újjáépítése

teszteket vinni az életükbe. **Másodszor, a szellem embereinek nincs gonoszság a szívében,** így 1 János 5,18 ezt tartalmazza: *"Tudjuk, hogy valaki Istentől született, nem vétkezik: hanem a ki Istentől született, megőrzi magát, és a gonosz nem illeti őt."* Az ellenséges ördög és a Sátán megvádolják a testi embereket, és megpróbáltatásokat és teszteket visznek az életükbe.

Jób eredetileg olyan állapotban volt, ahol nem szüntette meg az összes gonoszságot a természetéből, így amikor Sátán megvádolta őt az Isten előtt, Isten megengedte, hogy a megpróbáltatásai elkezdődjenek. Jób rájött a gonoszságára és megbánta azt, mialatt azokon az erőpróbákon átment, amelyeke a Sátán vádjai miatt érték el őt. Azonban, miután a gonoszságát levetkőzte és átment szellemivé, a Sátán már nem tudta Jóbot megvádolni. Isten megkettőzte azt, amije korábban volt.

Harmadszor, a szellem emberei világosan hallják a Szentlélek hangját, és utasításokat kapnak tőle mindenben. A szellem embereinek a szíve igazsággá változott, így ők Isten Igéjében élnek valóban. Bármit tesznek, az megfelel az igazságnak. Világos buzdítást kapnak a Szentlélektől, és engedelmeskednek annak. Ha imádkoznak valamiért, hogy megtörténjen, állhatatos szívvel kitartanak addig, amíg az imájuk válaszra talál.

Ha mindig ily módon engedelmeskedünk, Isten irányítani fog bennünket, és bölcsességet és megértést fog adni számunkra. Ha mindent teljesen Isten kezében hagyunk, akkor is vigyázni fog ránk, ha véletlenül eltérünk az Ő akaratától. Ha gödör előtt állunk, Ő megvéd bennünket attól, hogy beleessünk, meg fogjuk kerülni a gödröt, és mindenben a jót fogjuk keresni.

Negyedszer a szellem emberei hamar megkapnak mindent, amit kérnek, és akkor is választ kapnak, ha valamit csak dédelgetnek a szívükben. 1 János 3,21-22 ezt tartalmazza: *„Szeretteim, ha szívünk nem vádol minket, bizodalmunk van az Istenhez; És akármit kérjünk, megnyerjük tőle, mert megtartjuk az ő parancsolatait, és azokat cselekeszszük, a mik kedvesek előtte."* Ez az áldás fog rájuk szállni.

Még azok is, akiknek semmilyen képessége vagy tudása nincs, kaphatnak spirituális vagy anyagi áldásokat bőségesen, de csak akkor, ha szellemivé válnak, mivel Isten mindent elő fog teremteni a számukra, és irányítani fogja őket.

Amikor vetünk és hittel kérünk, áldás száll ránk jó mértékkel, megnyomott és megrázott, színig telt (Lukács 6,38), de amikor szellemivé válunk, harmincszor többet fogunk kapni, és amint teljesen szellemivé válunk, hatvanszor vagy százszor többet fogunk aratni. Ezek az emberek, a szellem emberei bármit megkaphatnak már akkor is, ha csak dédelgetnek valamit a szívükben.

Azokat az áldásokat, amelyeket a szellem emberei kapnak, nem lehet megfelelően körülírni. Istenben gyönyörködnek ezek az emberek, és Isten is gyönyörködik bennük, és ahogy a 37,4-es Zsoltárban látjuk: *„Gyönyörködjél az Úrban, és megadja* *néked szíved kéréseit."* Isten a maga oldaláról mindent megad nekik, amire szükségük van, legyen az pénz, hírnév, tekintély vagy egészség.

Az ilyen emberek nem fogják azt érezni, hogy bármi is hiányzik a személyes életükben, és ezen a szinten nincs is, amiért imádkozzanak. Ezért mindig Isten királyságáért és igazságáért imádkoznak, és azokért a lelkekért, akik nem ismerik Istent. Az imáik szépek, és szép illatúak Isten előtt, mivel jók és mentesek a gonosztól, és a lelkeket szolgálják. Ezért Isten nagyon nagy örömét leli bennük.

Amikor azok, akik teljesen szellemivé váltak, buzgó imákat halmoznak fel, mert szeretik a lelkeket, ők is csodálatos hatalmat tudnak mutatni, mint ahogyan a Cselekedetek 1,8-ban is látjuk: *"Hanem vesztek erőt, minekutána a Szent Lélek eljő reátok: és lesztek nékem tanúim úgy Jeruzsálemben, mint az egész Júdeában és Samariában és a földnek mind végső határáig."* Amint láttuk, a szellem és a teljes szellem emberei a létező legnagyobb szeretettel szeretik Istent, és a kedvére vannak, és a Bibliában ígért összes áldásban részesülnek.

Második fejezet
Isten eredeti terve

Isten nem akarta, hogy Ádám úgy éljen örökre,
hogy nem ismeri meg az igazi boldogságot, örömöt, hálát és szeretetet.
Ebből a célból elhelyezte a jó és a rossz tudásának a fáját,
hogy Ádám végül minden húsbeli dolgot megtapasztaljon.

- Miért nem szellem formájában alkotta meg Isten az embert?

- A szabad akarat fontossága, és észben tartása

- Az emberi lények megalkotásának célja

- Isten azt akarja, hogy igaz gyermekek dicsőítsék Őt

A szellem újjáépítése

Az emberi művelés az a folyamat, amelynek során a húsbeli emberek visszaváltoznak a szellem emberévé. Ha nem értjük meg ezt a tényt, és így járunk a templomba, nincs semmi értelme. Sok olyan ember van, aki eljár templomba, de nem születik újjá a Szentlélek által, és ezért nem biztosított az üdvössége. A keresztény hitben történő élet célja nem csak az üdvösség, hanem az is, hogy Isten képét újra megszerezzük, és a szeretetünket megosszuk Istennel, és dicsőséget adjunk Neki örökre, mint az Ő igaz gyermekei.

Mi Isten eredeti célja Ádám, mint élő szellem megteremtésével, és az ember művelésével a földön? A Genezis 2,7-8 ezt tartalmazza: *„És formálta vala az Úr Isten az embert a földnek porából, és lehellett vala az ő orrába életnek lehelletét. Így lőn az ember élő lélekké. És ültete az Úr Isten egy kertet Édenben, napkelet felől, és abba helyezteté az embert, a kit formált vala."*

Isten a mennyet és főleg a Hangjával teremtette. Az ember esetében elmondható, hogy a saját Kezeivel teremtette őt. A mennyei házigazda és a mennyei angyalok mind szellemként voltak megteremtve. Azonban – bár eredetileg azt tervezte, hogy az ember is a mennyben fog lakni – az emberrel mégsem ez történt. Miért vett magára Isten egy ilyen bonyolult folyamatot, amelyben megteremtette az embert a föld porából? Miért nem teremtette meg szellemként? Itt felfedezzük Isten különleges tervét.

Miért nem szellemként teremtette meg Isten az embert?

Ha Isten az embert nem a föld porából teremtette volna meg, hanem csak szellemként, az ember semmit sem tapasztalt volna meg a testi dolgokból. Ha csak szellemként teremtették volna meg, az ember engedelmeskedett volna Isten szavának, és soha nem evett volna a jó és a rossz tudásának a fájáról. A föld karaktere megváltoztatható annak megfelelően, hogy mit vetünk el bele. Az ok, amiért Ádám korrumpálódhatott annak ellenére, hogy egy spirituális helyen volt az, hogy a föld porából teremtődött. Ez nem jelenti azt, hogy az elejétől fogva korrumpálódhatott volna.

Az Édenkert egy spirituális hely, amely Isten energiájával telt meg, így a Sátán számára lehetetlen volt, hogy bármilyen húsbeli tulajdonságot plántáljon Ádám szívébe. Azonban, mivel Isten Ádámot felruházta szabad akarattal, el tudta volna fogadni a húst, ha akarta volna, és vágyott volna erre. Bár élő szellem volt, ha elfogadta volna a húst, az beleszállt volna. Hosszú idő elteltével megnyitotta a szívét a Sátán kísértése előtt, és elfogadta a húst.

Valójában az ok, amiért Isten az embereknek szabad akaratot adott: az emberiség művelése. Ha Isten nem adott volna Ádámnak szabad akaratot, Ádám semmit sem fogadott volna el egyáltalán, ami testi. Ez azt is jelenti, hogy az ember művelése soha nem történt volna meg. Isten gondviselésében az emberek iránt az emberi művelés meg kellett hogy történjen, és a mindent tudásában Isten nem szellemként teremtette meg Ádámot.

A szabad akarat jelentősége, és ennek megőrzése az emlékezetben

Genezis 2,17 ezt tartalmazza: *„De a jó és gonosz tudásának fájáról, arról ne egyél; mert a mely napon ejéndel arról, bizony meghalsz."* Amint látjuk, Isten mély gondviselése nyilvánult meg abban, hogy Ádámot megteremtette a föld porából, és szabad akarattal ruházta őt fel. Az emberi művelésért történt. Az emberek csak akkor fejlődhetnek Isten igaz gyermekeivé, ha átmennek az emberi művelés folyamatán.

Egyik oka annak, hogy a bűn beköltözött Ádámba az, hogy szabad akarattal rendelkezett, azonban a másik az volt, hogy nem emlékezett Isten Igéjére. Isten szavát megtartani azt jelenti, hogy a szívünkbe véssük a Szavát, és változatlanul gyakoroljuk azt.

Vannak, akik ugyanazt a hibát elkövetik, míg mások nem követik el kétszer ugyanazt a hibát. Abból a különbségből ered, hogy emlékezünk vagy nem valamire. Ádám azért bűnözött, mert nem tudta, milyen fontos Isten Szavát betartani, emlékezni rá. Másrészt, akkor nyerhetjük vissza szellemi állapotunkat, ha Isten Szavát megtartjuk az elménkben és engedelmeskedünk neki. Ezért fontos az elménkben megőrizni Isten Szavát.

Azok az emberek, akiknek a szelleme meghalt az eredeti bűn miatt, ha elfogadják Jézus Krisztust és a Szentlélek megszállja őket, képesek lesznek a halott szellemüket feléleszteni. Ettől a pillanattól kezdve – ahogy gyakorolják az Igét, és emlékeznek rá – a Szellem által megszülik a szellemet. Hamar elérik a spirituális növekedést. Ezért Isten Szavának megtartása és állhatatos gyakorlása nagyon fontos szerepet tölt be a szellem visszaszerzésénél.

Az emberi lények megteremtésének célja

A Mennyországban sok szellemi lény van, mint például az angyalok, akik állandóan engedelmeskednek Isten szavának. Azonban, néhány nagyon speciális esettől eltekintve, nincs bennük emberi vonás. Nincs szabad akaratuk, amellyel a szeretetüket megoszthatnák. Ezért alkotta meg Isten az első embert, Ádámot, mint olyan lényt, akivel megoszthatja a szeretetét.

Egy pillanatra képzeld el Istent, amint boldogan megalkotja az első embert, Ádámot. Ádám száját formálva Isten azt akarta, hogy Őt dicsőítse vele, a fülét megalkotva azt akarta, hogy az Ő szavát hallja, és engedelmeskedjen neki, a szemét formálva azt, hogy lássa és érzékelje az összes dolgot, amelyet Ő alkotott az Univerzumban, és dicsőítse az Istent. Isten azért teremtette meg az embereket, hogy dicsőséget adjanak Neki, és velük megossza az Ő szeretetét. Olyan gyerekeket akart, akikkel az univerzum és a mennyország minden gyönyörűségét meg tudta osztani. Velük együtt örök boldogságot akart élvezni.

A Jelenések könyvében Isten gyermekei közül azokat látjuk, akik üdvözülnek Isten Trónja előtt imádkozva, örökre. Amikor a Mennyországba jutnak, olyan gyönyörűség és öröm várja őket, hogy nem tehetnek mást, mint Istent dicsőíteni és imádni a szívük mélyéről azért, mert Isten gondviselése oly mély és titokzatos.

Az embert élő szellemként teremtették, de testi emberré vált. Ha megint a szellem emberévé válik, miután sok örömöt, dühöt, szeretetet és fájdalmat megtapasztal, Isten igaz gyermekévé válhat, aki szeretetet, köszönetet és dicsőséget ad Istennek a szíve mélyéről.

Amikor Ádám az Édenkertben lakott, nem volt Isten igaz gyermeke. Isten csak jóságot és igazságot tanított neki, így nem tudta: mi a bűn és a gonoszság. Nem volt fogalma arról, mi a boldogtalanság és a fájdalom. Az Édenkert egy spirituális hely, ahol nincs romlás és halál.

Ebből az okból kifolyólag Ádám nem ismerte a halál jelentését. Annak ellenére, hogy nagy bőségben és gazdagságban élt, nem érezhetett igazi boldogságot, örömöt vagy hálát. Mivel soha nem tapasztalta meg a szomorúságot vagy boldogtalanságot, nem érezhetett igaz örömöt vagy boldogságot. Nem tudta, mi a gyűlölet, és nem ismerte az igaz szeretetet. Isten nem akarta, hogy Ádám örökké úgy éljen, hogy nem ismeri meg az igaz boldogságot, örömöt, hálát, és szeretetet. Ezért Ő elhelyezte a jó és a rossz tudásának a fáját az Édenkertbe, így Ádám végül meg tudta tapasztalni a húst.

Amikor azok, akik a testi világot megtapasztalták, ismét Isten gyermekeivé válnak, meg kell, hogy értsék: milyen jó a szellem, és milyen értékes az igazság. Ekkor igazán köszönetet tudnak mondani Istennek, amiért az örök élet ajándékát nekik ajándékozta. Amint ezt a szívét Istennek megértjük, nem kérdőjelezzük meg Isten akaratát, amellyel megalkotta a jó és a rossz tudásának a fáját, és az embereknek fájdalmat okozott. Hanem inkább megköszönjük Istennek, és dicsőséget mondunk Neki, amiért az egyetlen Fiát, Jézus Krisztust feláldozta azért, hogy az emberiséget megmentse.

Isten igaz gyermekektől akar dicsőséget

Isten nem csak azért műveli, neveli az emberiséget, hogy igaz gyermekeket nyerjen, hanem hogy általuk dicsőséget kapjon. Ézsaiás 43,7 ezt mondja: *"Mindent, a ki csak az én nevemről neveztetik, a kit dicsőségemre teremtettem, a kit alkottam és készítettem!"* Az 1 Korinthusiakhoz 10,31 ezt tartalmazza: *"Azért akár esztek, akár isztok, akármit cselekesztek, mindent*

az Isten dicsőségére míveljetek."
Isten a szeretet és igazság Istene. Nem csak hogy előkészítette a Mennyországot és az örök életet számunkra, hanem az egyetlen Fiát, Jézus Krisztust feláldozta azért, hogy az emberiséget megmentse. Isten már csak ezért az egy tényért is dicsőséget érdemel. Azonban Isten nem csak azt akarta, hogy dicsőséget nyerjen. A végső célja annak, hogy Istent dicsőítjük az, hogy mi is, akik ezt tesszük, dicsőséget kapjunk vissza. János 13,32 ezt tartalmazza: *"...Ha megdicsőíttették ő benne az Isten, az Isten is megdicsőíti őt ő magában, és ezennel megdicsőíti őt."*

Amikor Isten dicsőséget kap általunk, túláradó áldásokat ad nekünk ezen a földön, és a mennyei királyságban pedig örök életet is ad. Az 1 Korinthusiakhoz 15,41 ezt mondja: *"Más a napnak dicsősége és más a holdnak dicsősége és más a csillagok dicsősége; mert csillag a csillagtól különbözik dicsőségre nézve."*

Elmondja a különbségeket, amelyeket élvezni fogunk mi, akik üdvözülünk, a mennyei királyságban és az ottani lakóhelyeinken. A mennyei lakóhelyünket és dicsőségünket annak megfelelően dönti el, hogy milyen mértékben szabadultunk meg a bűneinktől, hogy tiszta és szent szívünk legyen, és milyen hűségesen szolgáljuk Isten királyságát. Ha már megkaptuk őket, nem lehet ezeket megváltoztatni.

Isten azért teremtette az embereket, hogy igaz gyermekeket kapjon, akik a szellemhez tartoznak. Isten eredeti terve az, hogy az emberek eldobják a húst és a lelküket – amely a hamisság része

– maguktól, a szabad akaratukból, és a szellem és a teljes szellem embereivé változzanak. Isten eredeti tervét azok az emberek valósítják meg, akik a szellem és a teljes szellem embereivé válnak.

Mit gondolsz, hány olyan ember él ma, aki érdemes arra, hogy Isten célját megvalósítsa? Ha tényleg megértjük Isten célját az emberek megteremtésekor, biztos visszaszerezzük Isten elveszett képét, amely Ádám bűne miatt tűnt el. Csak az igazság jegyében láthatunk, hallhatunk, beszélhetünk, és minden gondolatunk és cselekedetünk szent és tökéletes lesz. Ez az útja annak, hogy Isten igaz gyermekeivé váljunk, akik nagyobb örömmel szolgálnak, mint Istené volt Ádám megalkotásánál. Isten igaz gyermekei, mint ezek, olyan dicsőséget fognak élvezni a Mennyországban, amely nem hasonlítható össze azzal, amelyet az élő szellem, Ádám élvezett az Édenkertben.

Harmadik fejezet
Igaz emberi lény

Isten az embert a saját képére teremtette.
Isten komoly akarata az,
hogy az Ő elveszett Képét visszaszerezzük,
és részt vegyünk Isten isteni természetében.

- Az ember teljes feladata

- Isten Énokkal járt

- Isten barátja, Ábrahám

- Mózes jobban szerette a népét, mint a saját életét

- Pál apostol olyannak tűnt, mint Isten

- Istennek hívta őket

A szellem újjáépítése

Ha gyakoroljuk Isten szavát, visszaszerezhetjük a szellem szívét, amely tele van az igazsággal, mint Ábrahám szíve volt, mivel élő szellem volt, mielőtt bűnözött. Az emberek teljes feladata az, hogy visszaszerezzük Isten képét, mely eltűnt, amikor Ádám bűnözött, és Isten isteni természetében részt vegyünk. A Bibliában láthatjuk, hogy azok, akik Isten Szavát megkapták és beteljesítették, akik Isten titkos dolgairól beszéltek, és akik Isten hatalmát kinyilvánították, hogy megmutassák: Isten él, olyan nemesek voltak, hogy még a királyok is meghajoltak előttük. Azért van ez, mert Isten, a Legfelsőbb, igaz gyermekei voltak ők (Zsoltárok 82,6).

Nebukadnezár király Babilonból egy napon álmodott, és nagyon aggódó lett. Összehívta a mágusokat és a káldeaiakat, hogy elmondja nekik az álmát és a jelentését, anélkül, hogy megmondta volna nekik, hogy valóban mit álmodott. Nem volt lehetséges emberi hatalommal, csak Istennel, aki nem egy ember testében él.

Most Dániel, aki istenes ember volt, időt kért a királytól, hogy megmagyarázhassa az álmát. Isten megmutatta a titkos dolgokat Dánielnek egy vízió keretében. Dániel a király elé állt, és elmondta az álmot, majd megmondta, mit jelent. Ekkor Nebukadnezár király az arcára esett, és imádatát fejezte ki Dánielnek, és kiadta a parancsot, hogy mutassanak be neki áldozatot, illatos tömjént, és Istennek is hálát adott.

Az emberek fő feladata

Salamon király nagyobb gazdagságot és gyönyörűséget élvezett, mint bárki más. Az apja, Dávid király nagy, egyesített királyságot hozott létre, és az ország hatalma egyre nagyobb volt, és sok szomszédos ország hódolt nekik. Az uralkodása alatt az ország a nagyszerűségének a tetőfokán volt (1 Királyok 10).

Azonban az idő múlásával elfeledte Isten kegyelmét. Azt gondolta, mindent a saját hatalma által hozott létre. Figyelmen hagyta Isten szavát, és megszegte Isten parancsát, mert megtiltotta, hogy hitetlen nőkkel házasodjanak a férfiak. Sok hitetlen szeretője volt, mivel az utolsó napjait élte. Úgy rendezte be a kegyhelyeket, ahogy a szeretői kérték, és ő maga bálványokat imádott. Isten kétszer is figyelmeztette, hogy ne kövessen idegen isteneket, de Salamon nem fogadta meg. Végül Isten haragja elérte őket a következő nemzedékkel, és Izraelt két királysággá választották szét. Bármit elvehetett, amit akart, de az utolsó napjain így vallott: *„Felette nagy hiábavalóság, azt mondja a prédikátor; felette nagy hiábavalóság! Minden hiábavalóság!"* (Prédikátor 1,2)

Rájött, hogy minden evilági dolog hiábavaló, és ezt következtette: *„A dolognak summája, mindezeket hallván,* *[ez:] az Istent féljed, és az ő parancsolatit megtartsad; mert ez az embernek fődolga"* (Prédikátorok 12,13, KJV). Azt mondta, az ember fő feladata, hogy félje Istent, és megtartsa az Ő parancsolatait. Mit jelent ez? Az istenfélelem a gonoszság gyűlölését jelenti (Példabeszédek 8,13). Azok, akik szeretik Istent, eldobják a gonoszságot maguktól, és megtartják az Ő parancsolatait, ily módon teljesítik az ember fő feladatát. Akkor mondhatjuk, hogy teljes emberi lények vagyunk, ha az Úr szívét műveljük teljesen, hogy Isten elveszett képét visszaszerezhessük. Nézzünk meg alaposabban néhány példát: a pátriárkák, és teljes hitű emberek igaz szeretetét, akik Istennek kedvére tettek.

Isten Énokkal sétált

Isten Énokkal járt háromszáz évig, és élve elvette őt. A bűn fizetsége a halál, és a tény, hogy Énok úgy ment a mennybe, hogy nem látta a halált, bizonyíték arra, hogy Isten őt bűntelennek gondolta. Tiszta és szeplőtlen szívet alakított ki magának, mely hasonlított Isten szívére. Ezért nem tudta a Sátán semmivel sem megvádolni őt, amikor élve elvitték őt.

A Genezis 5,21-24 így írja le ezt: *"Éle pedig Énókh hatvanöt esztendőt, és nemzé Methuséláht. És járt Énókh az Istennel, minekutánna Methuséláht nemzette, háromszáz esztendeig; és nemze fiakat és leányokat. És lőn Énókh egész életének ideje háromszáz hatvanöt esztendő. És mivel Énókh Istennel járt vala; eltűnék, mert Isten magához vevé."*

„Istennel járni" azt jelenti, hogy Isten ezzel a személlyel van állandóan. Énok Isten akaratából háromszáz évig élt. Isten vele volt, bárhová is ment.

Isten a Fény, jóság és szeretet maga. Ilyen Istennel járni azt jelenti, hogy nem lehet sötétség a szívünkben, és jósággal és szeretettel kell hogy tele legyünk. Énok bűnös világban élt, azonban megőrizte magát tisztának. A világnak Isten üzenetét továbbította. A Zsidókhoz 1,14 így szól: *„Ezekről is prófétált pedig Énok, a ki Ádámtól fogva a hetedik volt, mondván: Ímé eljött az Úr az ő sok ezer szentjéve."* Amint látjuk, elmondta az embereknek az Úr második eljövetelét és az Ítéletről is beszélt nekik.

A Biblia semmit sem mond Énok nagy megvalósításairól, vagy hogy Istenért valami rendkívülit tett. Azonban Isten nagyon szerette őt, mert szerette Istent, szent életet élt, és minden gonoszságot elkerült. Ezért Isten őt „fiatalon elvette." Az emberek akkor 900 évig éltek, és Énok 365 volt, amikor meghalt. Erős, életerős ember volt.

A Zsidókhoz 11,5 ezt tartalmazza: *„Hit által vitetett fel Énokh, hogy ne lásson halált, és nem találták meg, mert az Isten felvitte őt. Mert felvitetése előtt bizonyságot nyert a felől, hogy kedves volt Istennek."*

Még ma is, Isten azt akarja, hogy istenes és szent életet éljünk, szép és tiszta szívvel, anélkül, hogy a világ foltot ejtene rajtunk, hogy Ő velünk járhasson mindig.

Isten barátja, Ábrahám

Ábrahám, „a hit atyja" által Isten meg akarta mutatni: milyen Isten igaz gyermeke. Ábrahámot az „áldások forrásának" és „Isten barátjának" nevezték. Egy barát olyan személy, akiben megbízunk, és a titkainkat megosztjuk. Természetesen voltak olyan idők, amikor Ábrahámot finomítani kellett, mert még nem bízott Istenben. Hogy történt, hogy Ábrahámot Isten elismerte a barátjaként?

Ábrahám „igennel" és „ámennel" engedelmeskedett. Amikor Isten elhívta, hogy hagyja el a szülővárosát, engedelmeskedett anélkül, hogy tudta volna, hová megy. Ábrahám mások előnyeit kereste, és a békét követte. Az unokaöccsével, Lóttal élt, és amikor el kellett válniuk, megadta az unokaöccsének a jogot, hogy először válasszon földet. Mint nagybácsinak, joga volt először választani, de elengedte ezt a jogot.

Ábrahám ezt mondta a Genezis 13,9-ben: *„Avagy nincsen-é előtted mind az egész föld? Válj el kérlek, tőlem; ha te balra tartasz, én jobbra megyek; ha te jobbra menéndesz, én balra térek."*

Mivel Ábrahámnak ilyen szép szíve volt, Isten újra megígérte neki az áldást. A Genezis 13,15-16-ben Isten megígérte: „ ... *Mert mind az egész földet, a melyet látsz, néked adom, és a te magodnak örökre. És olyanná tészem a te magodat, mint a földnek pora, hogyha valaki megszámlálhatja a földnek porát, a te magod is megszámlálható lesz."*

Egy napon Sodoma és Gomora városát megtámadta egy sok király hatalmával egyesített hadsereg. Itt lakott Ábrahám unokaöccse, Lót. A hadsereg az embereket elvitte, és a háborús zsákmányt is. Ábrahám kiengedte a betanított embereit, akik az ő házában születtek, háromszáztizennyolcat közülük, és Danig kergette őket. Visszahozta az összes javat, és a rokonát, Lótot is a vagyonával, és a nőket és embereket is.

Sodoma királya át akarta adni a hadizsákmányt Ábrahámnak, de Ábrahám ezt mondta neki: *„Hogy én egy fonalszálat, vagy egy sarukötőt sem veszek el mindabból, a mi a tiéd, hogy ne mondjad: Én gazdagítottam meg Ábrámot"* (Genezis 14,23). Nem volt helytelen elvenni valamit a királytól, de ő elutasította a király ajánlatát, hogy bebizonyítja: az összes anyagi áldása mind Istentől származott. Csak Isten dicsőségét kerete, olyan tiszta szívvel, és önző vágyak nélkül, hogy Isten bőségesen megáldotta őt.

Amikor Isten azt parancsolta Ábrahámnak, hogy a fiát tűzáldozatként ajánlja fel, azonnal engedelmeskedett, mivel bízott Istenben, aki fel tudta támasztani a holtakat. Végül Isten a hit atyjaként nevezte őt meg, ezt mondva: *„Hogy megáldván megáldalak tégedet, és bőségesen megsokasítom a te magodat mint az ég csillagait, és mint a fövényt, mely a tenger partján van, és a te magod örökség szerint fogja bírni az ő ellenségeinek kapuját. És megáldatnak a te magodban a földnek minden nemzetségei, mivelhogy engedtél az én beszédemnek"* (Genezis 22,17-18). Továbbá Isten megígérte neki, hogy Isten Fia, Jézus, aki majd meg fogja menteni az emberiséget, az ő leszármazottaitól fog megszületni.

János 15,13 ezt tartalmazza: „Nincsen senkiben nagyobb szeretet annál, mintha valaki életét adja az ő barátaiért." Ábrahám fel akarta áldozni az egyetlen fiát, Izsákot, aki értékesebb volt számára, mint saját maga, így kifejezte a szeretetét Isten iránt. Isten Ábrahám esetét az emberiség tanításának példájaként szánta, és Isten barátjának nevezte őt, mivel nagy hittel szerette Istent.

Isten Mindenható, és mindent meg tud tenni, és mindent meg tud adni nekünk. Azonban Ő választ ad a Gyerekeinek, és áldást küld rájuk, olyan mértékben, amennyire megváltoznak az igazság hatására, az ember művelése által, hogy érezhessék Isten szeretetét, megköszönve az áldásokat.

Mózes jobban szerette a népét, mint a saját életét

Amikor Mózes Egyiptom hercege volt, megölt egy egyiptomit, hogy a saját népét segítse, ezért el kellett menekülnie a fáraó palotájából. Ettől kezdve a vadonban élt, juhászként, juhokat terelve negyven éven át.

Mózes alacsony helyzetben volt, mert a juhokra vigyázott a Midián vadonjában, és az összes büszkeségét és önhittségét le kellett hogy küzdje, amellyel egyiptomi hercegként rendelkezett. Isten megjelent ez előtt az alázatos Mózes előtt, és azt a feladatot adta neki, hogy Izrael fiait vigye ki Egyiptomból. Mózes az életét kockáztatta, hogy ezt megtegye, de beleegyezett és a Fáraó elé ment.

Ha Izrael fiainak a magatartását nézzük, láthatjuk, milyen nagy szíve volt Mózesnek, amikor ezeket az embereket felkarolta. Amikor nehézségben voltak, zsörtölődtek Mózessel, és megpróbálták megkövezni őt.
Amikor nem volt vizük, panaszkodtak, hogy szomjasak. Amikor volt víz, arra panaszkodtak, hogy éhesek. Amikor Isten mennyei mannát adott nekik, arra panaszkodtak, hogy nincs hús. Azt mondták, hogy jó dolgokat ettek Egyiptomban, lekicsinyelve a mannát, mondva, hogy nyomorult étel.
Amikor végül Isten elfordította az Arcát tőlük, a sivatag kígyói előjöttek és megmarták őket. Még így is megmenekülhettek, mert Isten meghallotta Mózes őszinte imáját. Az emberek megtapasztalták, hogy Isten Mózessel volt állandóan, de aranyból egy tehenet formáltak, és amint Mózest nem látták, ezt bálványozták. A hitetlen nők is becsapták őket, és házasságszédelgésbe vitték őket, ami spirituális csalás is volt. Mózes könnyes szemekkel imádkozott Istenhez a nép nevében. Az életét biztosítékként felajánlotta azért, hogy megbocsássanak nekik, bár nem emlékeztek a kegyelemre, amit kaptak.
Exodus 32,31-32 ezt tartalmazza:

> *Megtére azért Mózes az Úrhoz, és monda: Kérlek! Ez a nép nagy bűnt követett el: mert aranyból csinált magának isteneket. De most bocsásd meg bűnöket; ha*

pedig nem: törölj ki engem a te könyvedből, a melyet írtál.

Itt a törölj ki engem a könyvedből azt jelenti, hogy nem fog üdvözülni, és a pokol örök tüzében fog szenvedni, ami az örök halál. Mózes nagyon jól tudta ezt a tényt, de azt akart, hogy az emberek üdvözüljenek, úgy is, hogy ő feláldozza magát.

Mit gondolsz, mit érzett Isten, amikor ezt a Mózest látta? Mózes mélyen megértette Isten szívét, aki gyűlöli a bűnt, de meg akarja menteni a bűnösöket, de Istennek tetszett ő, és nagyon szerette őt. Isten hallotta Mózes szeretetimáját, és Izrael fiai ily módon elkerülték a pusztulást.

Képzeld el, hogy van egyrészt egy gyémánt, amely ökölnyi nagyságú és hibátlan. Másrészt van egy halom hasonló nagyságú szikla. Melyik az értékesebb? Függetlenül attól, hogy hány szikla van, senki nem cserélné el őket a gyémánttal. Hasonlóan, Mózes értéke, aki egy személyben megvalósította az emberiség művelését, nagyobb volt, mint sokmillió másik emberé, akik nem tették ezt (Exodus 32,10).

A Számok könyve 12,3 így beszél Mózesről: *"Az az ember pedig, Mózes, igen szelíd vala, minden embernél inkább, a kik e föld színén vannak."* És a Számok 12,7-ben Isten így biztosítja őt: *"Nem így az én szolgámmal, Mózessel, a ki az én egész házamban hív."*

A Bilbia számos helyen elmondja nekünk, hogy mennyire szerette Isten Mózest. Az Exodus 33,11 ezt tartalmazza: *"Az Úr pedig beszéle Mózessel színről színre, a mint szokott ember szólani barátjával."* Ugyanígy az Exodus 33-ban azt látjuk, hogy Mózes megkérte Istent, hogy jelenjen meg, és Isten válaszolt neki.

Pál apostol úgy jelent meg, mint Isten

Pál apostol a teljes életével az Úrt szolgálta, azonban mégis mindig a múltját siratta, mert az Urat üldözte. Így hálásan és akarva fogadta a megpróbáltatásokat, mondva: *"Mert én vagyok a legkisebb az apostolok között, ki nem vagyok méltó, hogy apostolnak neveztessem, mert háborgattam az Istennek anyaszentegyházát"* (1 Korinthusi 15,9).

Bebörtönözték, számtalanszor megverték, sokszor került halálos veszélybe. Ötször kapott harmincöt ostorcsapást a zsidóktól. Háromszor megverték rúddal, egyszer megkövezték, háromszor lett hajótörött, és egy nappalt és éjjelt a mélységben töltött. Gyakran utazott, veszélybe került folyók, rablók miatt, a falusiak és hitetlenek, a város és a vadon miatt, a tenger és a hamis testvérek miatt, dolgozott és nehézsége volt, sok álmatlan éjszakája volt, éhezett és szomjazott, nem volt étele, hidegben és számkivetetten.

A szenvedései olyan nagyok voltak, hogy az 1 Korinthusiakhoz 4,9-ben ezt mondta: *"Mert úgy vélem, hogy az Isten minket, az apostolokat, utolsókul állított, mintegy halálra szántakul: mert látványossága lettünk a világnak, úgy angyaloknak, mint embereknek."*

Miért engedte meg Isten Pál apostolnak, aki olyan hűséges volt, hogy ilyen nehéz üldözéseket és nehézségeket átéljen? Isten azt akarta, hogy Pál gyönyörű szívű embereként tűnjön fel, olyan tisztán, mint a kristály. Pálnak senki nem volt az életében, akire támaszkodhatott volna, csak Isten a nehéz helyzetekben, amikor bármikor letartóztathatták és meg is ölhették volna. Istenben vigaszt és örömet talált. Teljesen megtagadta magát, és Isten szívét művelte.

Pál következő vallomása megható, mert a megpróbáltatások során gyönyörű személyként győzedelmeskedett. Nem menekült a próbák elől, bár nagyon nehéz volt egy ember számára, hogy ellenálljon. Az egyház és a tagok iránti szeretetét megvallotta a 2 Korinthusi 11,28-ban, ezt mondva: *"Mindezeken kívül van az én naponkénti zaklattatásom, az összes gyülekezetek gondja."*

A Rómaiak 9,3-ban ezt mondja az emberekről, akik meg akarták ölni őt: *"Mert kívánnám, hogy én magam átok legyek, [elszakasztva] a Krisztustól az én atyámfiaiért, a kik rokonaim test szerint;"* Itt az „atyámfiai, rokonaim" a farizeusokra és a zsidókra vonatkozik, akik oly keményen zavarták és üldözték Pált.

A Cselekedetek 23,12-13 ezt tartalmazza: *"Midőn pedig nappal lőn, a zsidók közül némelyek összeszövetkezvén, átok alatt kötelezék el magokat, mondván, hogy sem nem esznek, sem nem isznak addig, míg meg nem ölik Pált. Többen valának pedig negyvennél, kik ezt az összeesküvést szőtték."*

Pál soha nem vádolta meg őket, amiért neheztelnek rá. Pál

soha nem hazudott nekik, és soha nem okozott kart nekik. De, mivel az evangéliumot terjesztette, és Isten hatalmát mutatta, egy csapatot alkottak, amely megfogadta, hogy megöli őt. Azonban ő azért imádkozott, hogy ezek az emberek üdvözüljenek, akár úgy is, hogy elveszíti az üdvösségét. Ez az oka annak, hogy Isten olyan nagy hatalmat adott neki: nagy jósággal bírt, amellyel akár a saját életét is fel tudta volna áldozni azokért, akik meg akarták ölni. Isten megengedte neki, hogy rendkívüli dolgokat valósítson meg: a gonosz szellemek vagy a betegségek elhagyták azokat az embereket, akik megérintették vagy hordták azt a zsebkendőt, amit ő megérintett.

Istennek hívta őket

János 10,35 így szól: *„Ha azokat isteneknek mondá, a kikhez az Isten beszéde lőn (és az írás fel nem bontható)."* Amint Isten szavát megismerjük és elkezdjük gyakorolni, az igazság embereivé válunk, azaz a szellem embereivé. Ily módon Istenhez tudunk hasonlítani, aki a szellem: a szellem emberévé, sőt, a teljes szellem emberévé válhatunk. Ugyanilyen mértékben felemelkedhetünk, mint olyan lények, akiket Isten szeret.

Az 7,1 ezt tartalmazza: *„Az Úr pedig monda Mózesnek: Lásd, Istenévé teszlek téged a Faraónak, Áron pedig, a te atyádfia, szószólód lészen."* Az Exodus 4,16 ezt tartalmazza: *„És ő beszél majd helyetted a néphez és ő lesz néked száj gyanánt, te pedig leszesz néki Isten gyanánt."* Amint látjuk,

A szellem újjáépítése

Isten olyan nagy hatalmat ruházott Mózesre, hogy Mózes Istenként jelent meg az emberek előtt.

A Cselekedetek 14-ben Jézus Krisztus felállított és járni engedett egy embert, aki korábban soha nem tudott járni. Ahogy felállt és járt, az emberek ezt mondták a nagy csodálkozásban: *„Az istenek jöttek le mihozzánk emberi ábrázatban!"* (Cselekedetek 14,11) Mint ebben a példában is látjuk, azok, akik Istennel járnak, lehet, hogy úgy jelennek meg, mint Isten maga, mivel a szellem emberei annak ellenére, hogy fizikai testben élnek.

Ezért látjuk a 2 Péter 1,4-ben ezt: *„Mint a ki tudom, hogy hamar leteszem sátoromat, a miképen a mi Urunk Jézus Krisztus is megjelentette nékem."*

Vegyük észre, hogy Isten komoly szándéka az, hogy az emberek részt vegyenek az isteni természetben, hogy félretehessük a romlandó húst, amivel csak a sötétségnek kedvezünk, a Szellem által szüljük meg a Szellemet, és tényleg vegyünk részt Isten isteni természetében.

Amint elértük a teljes szellem szintjét, azt jelenti, hogy a szellemet teljesen visszaszereztük. A szellemet teljesen visszaszerezni azt jelenti, hogy Isten képét visszaszerezzük, amely elveszett Ádám bűne miatt, ezért azt jelenti, hogy részt veszünk Isten isteni természetében.

Ha elértük ezt a szintet, megkaphatjuk a hatalmat, ami Istené. Isten hatalma azoknak a gyermekeknek jár, akik Rá hasonlítanak (Zsoltárok 62,11). Annak a bizonyítéka, hogy Isten hatalmát megkaptuk az, hogy jeleket és csodákat mutatunk, rendkívüli csodákat, emberfeletti dolgokat, amelyek mind a Szentlélek munkái által nyilvánulnak meg.

Ha ilyen hatalmat kapunk, számtalan lelket elvezethetünk az élet és üdvösség útjára. Péter nagyon sok nagy munkát hajtott végre a Szentlélek hatalma által. Egyszer imádkozott, és ötezer ember üdvözült. Isten hatalma a bizonyíték arra, hogy az élő Isten azzal a bizonyos személlyel van. Biztos mód arra, hogy az emberekbe hitet ültessünk el.

Az emberek, ha nem látnának jeleket és csodákat, egyáltalán nem hinnének (János 4,48). Ezért Isten kinyilvánítja a Hatalmát az emberek által, a teljes szellemmel rendelkezők által, akik a szellemet teljesen visszaszerezték, hogy az emberek hihessenek az élő Istenben, Jézus Krisztusban, a Megmentőben, a Mennyország és a Pokol létezésében, és a Biblia igazságában.

Negyedik fejezet
Spirituális birodalom

A Biblia mesél nekünk a spirituális birodalomról
és az emberek tapasztalatairól ezzel kapcsolatban.
Az is a spirituális birodalom része,
ahová a halálunk után mindannyian kerülni fogunk.

- Pál apostol ismerte a spirituális birodalom titkait

- A Bibliában bemutatott határtalan spirituális birodalom

- A Mennyország és a Pokol biztosan léteznek

- A halál utáni élet azok számára, akik nem üdvözülnek

- Ahogy a Nap és a Hold különbözik a dicsőségüket tekintve

- A Mennyország nem hasonlítható össze az Édenkerttel

- Új Jeruzsálem, a legszebb ajándék az igaz gyermekek számára

Amikor az emberek, akik Isten elveszett képét visszaszerezték, befejezik az életüket, visszamennek a spirituális birodalomba. A mi fizikai birodalmunkkal ellentétben, a spirituális birodalom határtalan. Nem tudjuk megmérni a magasságát, mélységét vagy szélességét.

Egy ilyen hatalmas spirituális birodalom a fény terére – amely Istenhez tartozik – és a sötétség terére osztható, ami a gonosz szellemeké. A fény terében van a Mennyország, amelyet Isten gyermekei részére készítenek elő, akik a hitük által üdvözülnek. A Zsidókhoz 11,1 ezt tartalmazza: *"A hit pedig a reménylett dolgoknak valósága, és a nem látott dolgokról való meggyőződés."* Amint látjuk, a spirituális birodalom olyan világ, amely nem látható. Azonban, ahogy a szél realitása nem bizonyítható, mégis létezik, azzal, hogy a hitben olyan valamiben hiszünk, amiben nem reménykedhetünk a fizikai életben, bizonyítékot mutatunk arra, hogy létezik.

A hit az a kapu, amely összeköt bennünket a spirituális birodalommal. A módja nekünk, akik ebben a fizikai világban élünk, hogy Istennel találkozzunk, aki a spirituális világban van.

Hittel kommunikálhatunk Istennel, aki szellem. Meghallhatjuk és megérthetjük Isten Szavát a kinyitott spirituális szemünkkel, és ezzel láthatjuk a spirituális birodalmat, amely nem látható fizikai szemmel.

Ahogy a hitünk növekszik, jobban reménykedünk a mennyei királyságban, és mélyebben meg fogjuk érteni Isten szívét. Ahogy érezzük az Ő szeretetét, nem tudjuk megállni, hogy ne szeressük Őt. Sőt, ha már tökéletes hittel bírunk, a spirituális birodalom dolgai megtörténnek, amelyek teljesen lehetetlenek ebben a fizikai világban, mivel Isten velünk lesz.

Pál apostol ismerte a spirituális birodalom titkait

A 2 Korinthusi 12,1-től kezdve Pál megmagyarázza a tapasztalatát a spirituális birodalomban, mondva: *„A dicsekvés azonban nem használ nékem; rátérek azért a látomásokra és az Úrnak kijelentéseire."* A tapasztalatáról szólt a Paradicsomban, a Mennyei Királyság Harmadik Mennyországában.

A 2 Korinthusi 12,6-ban ezt mondja: *„Mert ha dicsekedni akarok, nem leszek esztelen; mert igazságot mondok; de megtürtőztetem magamat, hogy valaki többnek ne tartson, mint a minek lát, vagy a mit hall tőlem."* Pál apostol sok spirituális tapasztalatot nyert, és Isten jelenéseket küldött neki, de nem beszélhetett mindenről, amit a spirituális birodalomról tudott.

János 3,12-ben Jézus ezt mondta: *„Ha a földiekről szóltam néktek és nem hisztek, mimódon hisztek, ha a mennyeiekről szólok néktek?"* Még miután nagyon sok hatalmas munkát láttak a saját szemükkel, még az után sem hittek a tanítványok teljesen Jézusnak. Csak akkor lett igaz hitük, amikor megtapasztalták az Úr feltámadását. Ez után az életüket Isten királyságának szentelték, és az evangélium terjesztésének. Hasonlóan, Pál apostol ismerte a spirituális birodalmat jól, és teljesen betöltötte a feladatát, az egész életével.

Nincs egy olyan mód, amellyel mi is megismerhetjük a spirituális világot, ahogy Pál is megismerte? Természetesen van. Először: vágyakoznunk kell a spirituális világ után. Ha komolyan vágyakozunk a spirituális birodalom után, az bizonyíték arra, hogy elismerjük Istent, aki szellem.

A Bibliában bemutatott határtalan spirituális birodalom

A Bibliában nagyon sok lejegyzést találunk a spirituális birodalomról és a spirituális tapasztalatokról. Ádámot úgy alkották, mint élő lény, ami élő szellem, és tudott Istennel kommunikálni. Még utána is sok próféta volt, akik Istennel kommunikáltak, és néha Isten hangját hallották közvetlenül (Genezis 5,22, 9,9-13; Exodus 20,1-17; Számok 12,8). Néha angyalok jelentek meg az embereknek, hogy Isten üzenetét átadják. Vannak lejegyzések a négy élő teremtményről is (Ezékiel 1,4-14), kerubok (2 Sámuel 6,2; Ezékiel 10,1-6), tüzes lovakról és tűzszekerekről (2 Királyok 2,11, 6,17), akik a spirituális birodalomhoz tartoznak.

A Vörös-tenger kettévált. Isten embere által, Mózes által víz szivárgott egy sziklából. Józsué imája alatt a nap és a hold megállt. Éliás Istenhez imádkozott, és tüzet hívott le a mennyből. Miután befejezte a feladatát ezen a földön, egy forgószél Éliást felvitte a Mennyországba. Ezek olyan példák, amelyekben azt látjuk, hogy a spirituális birodalom lejött és megjelent a fizikai térben.

Ráadásul a 2 Királyok 6-ban, ahol Arám hadserege Elisát meg akarta támadni, Elisa szolgálója, Gehazi spirituális szemei megnyíltak, és egy sereg tüzes lovat és szekeret látott, amelyek körülvették Elisát, hogy megvédjék őt. Dánielt egy oroszlán barlangjába dobták, mivel a miniszterei összeesküdtek ellene, de semmi baja nem esett, mert Isten elküldte az angyalait, hogy csukják be az oroszlán száját. Dániel három barátja ellenkezett a királlyal, azért, hogy a hitüket megtarthassák, és a tüzes kemencébe dobták őket, amely hétszer olyan forró volt, mint szokásosan. Azonban a hajuk szála sem görbült.

Jézus, Isten fia emberi testben lejött a földre, de a végtelen spirituális birodalom dolgait mutatta meg, mert őt nem kötötte a fizikai tér. A holtakat felébresztette, számtalan betegséget meggyógyított, és vízen járt. Sőt, a feltámadása után megjelent az Ő két tanítványának, amik Emmaus felé tartottak (Lukács 24,13-16). Átment a ház falán, és megjelent azok előtt a tanítványok előtt, akik féltek a zsidóktól, és bezárkóztak a házba (János 20,19).

Ez valójában teleportálás, amellyel át lehet menni a fizikai téren. Azt mondja számunkra, hogy a spirituális birodalom átmegy az idő és tér korlátain. Van egy olyan spirituális tér, amely más, mint a fizikai, amely látható a szemünkkel, és Ő a spirituális tér mentén úgy mozgott, hogy ott jelent meg, ahol akart.

Isten azon gyermekei, akik a Mennyország állampolgárai, kell hogy vágyakozzanak a spirituális dolgok iránt. Isten megengedi az ilyen emberek számára, hogy megtapasztalják a spirituális dolgokat, ahogy a Jeremiás 29,13-ban mondja: *"És kerestek engem és megtaláltok, mert teljes szívetekből kerestek engem."*

Szellemivé válhatunk, és Isten kinyithatja a spirituális szemünket, ha eldobjuk az önhittségünket, önelképzeléseinket és énközpontú gondolkodási kereteinket, amellett, hogy ilyen vágyakozás van bennünk.

János apostol Jézus tizenkét tanítványának egyike volt (Jelenések 1,1, 9). I. sz. 95-ben a Domiciánus, Róma császára letartóztatta, és égő olajjal telt edénybe dobta. Nem halt meg, hanem elűzték Patmosz szigetére, az Égei tengerben. Itt írta le a Jelenések könyvét.

Annak érdekében, hogy János a mély jelenéseket megkapja, meg kellett hogy legyen néhány előfeltételnek nála. Teljesen szentnek kellett lennie, mindenféle gonoszság nélkül, és az Úr szívével kellett bírnia. A Mennyország mélységes titkait és jelenéseit le tudta hozni a Szentlélek inspirációjában a forró imák által, amelyeket teljesen tiszta és szent szívvel ajánlott fel.

A Mennyország és a Pokol biztosan létezik

A spirituális birodalomban van a mennyország és a pokol.

Röviddel a Manmin templom megnyitása után Isten egyszer megmutatta nekem a mennyországot és a poklot az imám közben. A Mennyország szépsége és boldogsága nem kifejezhető szavakkal.

Az Újtestamentum idején azok, akik elfogadták Jézus Krisztust személyes Megmentőjükként megkapják a bűnök bocsánatát, és az üdvösséget. Először a Felső Sírba mennek, miután a földi életük befejeződik. Ott három napig vannak, hogy a spirituális birodalmat megszokják, aztán a Paradicsombeli várakozóhelyre mennek, mely a Mennyei Királyságban van. Ábrahám, a hit atyja volt a felelőse a Felső Sírnak az Úr felszállásáig, és ezért találjuk azt a Bibliában, hogy szegény Lázár „Ábrahám mellén" volt.

Jézus a felső Sírban az evangéliumot prédikálta az embereknek, miután utolsót lehelt a kereszten (1 Péter 3,19). Miután Jézus az evangéliumot prédikálta a Felső Sírban, feltámadt, és az összes lelket elvitte a Paradicsomba. Azóta az üdvözült lelkek a Mennyország várakozóhelyén várakoznak, amely a Paradicsom külső részén van. Miután a Nagy Fehér Trónus Ítélete lejár, elmennek a megfelelő mennyei lakóhelyükre, mindenki a hite mértékének megfelelően, és örökre ott élnek.

A Nagy Fehér Trónus Ítéletekor, melyet akkor tartanak, amikor az emberi művelésnek vége a földön, Isten mindenkinek megnézi az összes cselekedetét, aki a teremtés után született, függetlenül attól, hogy jó vagy rossz. Úgy hívjuk, hogy a Nagy

Fehér Trónus Ítélete, mivel Isten ítélőszéke olyan fényes és briliáns lesz, hogy teljesen fehérnek fogjuk látni (Jelenések 20,11).

Ez a nagy ítélet akkor fog bekövetkezni, amikor az Úr eljön a földre másodszor a levegőben, miután a Millenniumi Királyságnak vége van. Azok a lelkek, amelyek üdvözülnek, a jutalmak ítélete lesz, azonban azoknak, amelyek nem üdvözültek, a büntetés ítélete lesz.

A halál utáni élet azok számára, akik nem üdvözültek

Azokat, akik nem fogadták el az Urat, és azok, akik megvallották a hitüket Benne, de nem üdvözültek, a haláluk után elviszi a Pokol két hírnöke. Három napig egy olyan helyen lesznek, amely hasonlít egy nagy gödörhöz, hogy készülhessenek az Alsó Sírbeli életükre. Csak hatalmas fájdalom vár rájuk. A három nap után az Alsó Sírba szállítják őket, ahol megkapják a megfelelő büntetésüket, a bűnüknek megfelelően. Az Alsó Sír, amely a pokolhoz tartozik, olyan hatalmas, mint a Mennyország, és nagyon sok különböző hely van benne, ahová a nem üdvözült lelkek mennek.

Addig, amíg a Nagy Fehér Trónus Ítélete meg nem történik, a lelkek az Alsó Sírban maradnak, és különböző féle büntetéseket kapnak. Ezek a büntetések lehetnek: állatok általi széttépés, vagy a Pokol hírnökei általi kínzások. A Nagy Fehér Trónus Ítélete után vagy a tűztóba, vagy a kéntóba mennek, mely úgy is ismeretes, mint a sárkány tava. Itt örök szenvedés vár rájuk (Jelenések 21,8).

A kéntóban rájuk váró szenvedések sokkal nagyobbak, mint az Alsó Sírban történőké. A Pokol tüze elképzelhetetlenül forró. A kénkő tava még sokkal forróbb, hétszer, mint a tűztó. Olyan emberek számára van, akik megbocsáthatatlan bűnöket követtek el, mint a gyalázkodás és a Szentlélek ellen való munka.

Isten egyszer megmutatta nekem a tűztavat és a kéntavat. Ezek végtelenek voltak, és tele voltak valamivel, ami gőznek látszott, ami hasonlít ahhoz, ami a termálforrásokból tör fel, és az emberek nem voltak jól láthatóak. Voltak, akik a mellüktől látszottak, míg mások a tóban elmerültek a nyakukig. A tűztóban kiabáltak és sikoltoztak, de a kéntóban a fájdalom olyan nagy volt, hogy nem is nyögtek. El kell hogy higgyük, hogy ez a láthatatlan világ valóban létezik, és az Isten Igéje szerint kell hogy éljünk, hogy biztosan üdvözüljünk.

Ahogy a nap és a hold dicsősége is különbözik

Pál apostol ezt mondja a feltámadás utáni testünkről: *„Más a napnak dicsősége és más a holdnak dicsősége és más a csillagok dicsősége; mert csillag a csillagtól különbözik dicsőségre nézve"* (1 Korinthusi 15,41).

A nap dicsősége azokra vonatkozik, akik teljesen eldobták a bűneiket, szentté váltak, és a földön Isten teljes házában hűségesek voltak. A hold dicsősége azt jelenti, hogy azok, akik nem érték el a nap dicsőségét, ezt kapják. A csillagok dicsősége azoké, akik még kevesebbet értek el, mint a hold dicsősége. Ahogy a különböző csillagok dicsősége más és más, mindenki különböző dicsőséget és jutalmat fog kapni, akkor is, ha a Mennyország ugyanolyan szintű lakóhelyére kerül.

A Biblia azt mondja nekünk, hogy a Mennyországból különböző dicsőséget fogunk nyerni. A mennyei lakóhelyek és jutalmak különbözőek lesznek attól függően, hogy mennyire szabadulunk meg a bűneinktől, milyen mértékű a spirituális hitünk, és mennyire voltunk hűségesek Isten Királyságához.
A Mennyei Királyságban sok lakóhely van mindenkinek aszerint, hogy milyen erős a hite. A Paradicsom azoknak jár, akiknek legkisebb a hitük. A Mennyország Első Királysága magasabb rendű, mint a Paradicsom, és a Mennyország Második Királysága jobb, mint az Első, és a Harmadik jobb, mint a Második. Új Jeruzsálem városa a Harmadik Mennyei Királyságban van, ahol Isten Trónja van.

A Mennyország nem hasonlítható össze az Édenkerttel

Az Édenkert olyan szép és békés hely, hogy a föld legszebb helyét sem lehet összehasonlítani vele, és az Édenkert nem hasonlítható össze a mennyei királysággal. Az Édenkertben és a mennyei királyságban érzett boldogság teljesen más, mivel az Édenkert a Második Királyságban van, míg a mennyei királyság a harmadik mennyországban. Azért is van, mert akik az Édenkertben laknak nem igazi gyermekek, akik az emberi művelésen átmentek, az emberi civilizáció folyamatában.

Tegyük fel, hogy a földi élet sötétben zajlik, fények nélkül, akkor az Édenkert fénye olyan, mintha egy lámpát néznénk, és a Mennyország lámpája olyan, mintha fényes elektronikus lámpákkal élnénk. Mielőtt az elektronikus lámpát feltalálták, lámpákat használtak, amelyek elég homályosak voltak. Azért még értékesek voltak. Amikor az emberek először látták az elektromos lámpákat, nagyon elcsodálkoztak.

Már említettük, hogy a különböző mennyei lakóhelyeket aszerint adják, hogy kinek mekkora a hite, és a szellemi szíve, amelyet a földi életében gondozott. Mindenik mennyei lakóhely teljesen más, mint a többi, ha a dicsőséget és boldogságot nézzük, amelyet ott lehet érezni. Ha túlmegyünk csupán a szentség szintjén, és megnézzük azt, hogy valaki Isten teljes házában hűséges, és teljes szellemi emberré válik, bemehetünk Új Jeruzsálem városába, ahol Isten Trónja található.

Új Jeruzsálem, a legjobb ajándék, amit Isten igaz gyermekei kapnak

Ahogy Jézus mondta a János 14,2-ben: *"Az én Atyám házában számos lakóhely van,"* a Mennyországban valójában számos lakóhely van. Ott van Új Jeruzsálem városa, ahol Isten

A szellem újjáépítése

Trónja található, és a Paradicsom is, ami azok számára van, akik éppen hogy üdvözültek.

Új Jeruzsálem városa, a „dicsőség városa," a legszebb hely az összes mennyei lakóhely közül. Isten nem csak azt akarja, hogy üdvözüljünk, hanem hogy ebbe a városba kerüljünk (1 Timóteus 2,4).

Egy földműves nem csak a legjobb minőségű búzát termeli a farmján. Hasonlóan, nem mindenki fog Isten igaz gyermekévé alakulni azok közül, akik teljesen a szellemben vannak. Azok számára, akik nem képzettek arra, hogy Új Jeruzsálembe kerüljenek, Isten sok lakóhelyet épített, a Paradicsomtól kezdve az Első, Második, Harmadik Mennyei Királyságig.

A paradicsom és Új Jeruzsálem nagyon különböznek, ahogy egy királyi palota és egy kis kunyhó különbözik egymástól. Ahogy a szülők a gyerekeiknek csak a lehető legjobb dolgokat akarják adni, Isten azt akarja, hogy az Ő igaz gyermekeivé váljunk, és mindent megosszunk Vele Új Jeruzsálemben.

Isten szeretete nem korlátozódik csak egy csoport emberre. Mindenkinek jár, aki elfogadta Jézus Krisztust. Azonban a mennyei lakóhelyek és jutalmak és Isten szeretetének mértéke mindenkinek más lesz, attól függően, hogy mennyire szentesült, és mennyire volt hűséges.

Azok, akik a Paradicsomba mennek, vagy a Második Királyságba, vagy az Elsőbe, nem vetkőzték le a testi dolgokat teljesen, és nem teljesen igaz gyermekei Istennek. Ahogy a kisgyerekek nem értenek meg mindent a szüleikkel kapcsolatban, nekik is nehéz megérteni Isten szívét. Ezért Isten szeretete és igazsága megmutatkozik abban, hogy különböző lakóhelyeket készített elő, mindenki hitének mértéke szerint. Nagyon élvezetes, ha valaki az ugyanolyan korú barátaival lóg, és ugyanígy: a mennyei állampolgároknak is kényelmesebb olyan lelkekkel együtt lenni, akiknek ugyanolyan szintű a hite.

Új Jeruzsálem városa a bizonyíték arra, hogy Isten tökéletes gyümölcsöket nyert az emberi művelés során. A tizenkét alapkő a városban bizonyítja, hogy Isten gyermekeinek a szíve, akik bemennek ide olyan szép, mint a drágakövek. A gyöngykapu bizonyítja, hogy azok a gyermekek, akik átmennek ezeken a kapukon, kitartást gyakoroltak, ahogy a kagyló is kitartással alkotja meg a gyöngyöt.

Ahogy átmennek a gyöngykapukon, emlékeztetik őket a türelmük és kitartásuk idejére, amit azért tanúsítottak, hogy a mennyországba kerüljenek. Amikor az arany utakon járnak, emlékeznek a hit útjára, amelyet a földön jártak. A nekik adott házak mérete és díszítése emlékeztetni fogja őket, hogy mennyire szerették Istent, és hogy dicsőítették Őt a hitükkel.

Azok, akik bemennek Új Jeruzsálembe, láthatják Istent szemtől szembe, mert olyan szép és tiszta szívet műveltek magukban, mely olyan, mint a kristály, és Isten igaz gyermekeivé váltak. Számos angyal szolgálja őket, és örök boldogságban és örömben élnek. Nagyon szent és elragadó hely, az emberi képzelet el sem tudja képzelni.

Ahogy különböző könyvek vannak, a mennyországban is különböző könyvek léteznek. Létezik az élet könyve, amelyben azok neve van, akik üdvözültek. Létezik az emlékezés könyve is, amely azokról a dolgokról ír, amelyeket állandóan megünneplünk, és megemlékezünk róluk. Aranyszínű, és nemes és királyi mintái vannak a borítólapon, hogy senki ne vegye észre, mekkora értéke van. Részletesen leírja, hogy ki mit cselekedett, milyen helyzetben, és a fontos részeket videóra is vették.

Például olyan eseményeket is leír, mint amikor Ábrahám felajánlotta a fiat, Izsákot tűzáldozatként. Vagy Éliás, amint lehozza a tüzet a mennyből, Dániel, amint az oroszlán barlangjában sértetlenül áll, és Dániel három barátja, ahogy a tüzes kemencében épen megmaradnak, és Istennek dicsőséget adnak. Kiválaszt egy bizonyos, nagyon értékes napot, hogy az embereknek a könyv egy részét megmutassa. Isten gyermekei meghallgatják Őt, és boldogan dicsőítik Istent.

Új Jeruzsálemben állandóan banketteket tartanak, beleértve az Isten Atya által tartottakat. Vannak bankettek, amelyeket az Úr, a Szentlélek tart, és vannak, amelyeket a próféták, mint Éliás, Énok, Ábrahám, Mózes, és Pál apostol. Más hívek meghívhatnak testvéreket, hogy bankettet tartsanak. A bankettek a mennyei élet csúcspontjai. A hely és idő, ahol élvezni lehet a Mennyország bőségét, szabadságát, szépségét és dicsőségét.

Még a földön is, az emberek nagyon szépen kidíszítik magukat, és élvezik az evés-ivást a nagy banketteken. Ugyanez van a Mennyországban is. A Mennyországbeli banketteken angyalok zenélnek, énekelnek és táncolnak. Isten gyermekei is énekelhetnek és táncolhatnak a zenére. A hely tele van gyönyörű táncokkal, és boldog kacajjal. A hitbeli fiútestvérekkel boldogan beszélgetnek, itt-ott leülve kerek asztalok mellé, vagy a hitbeli pátriárkákat üdvözlik, akikkel nagyon várták a találkozást.

Ha meghívják őket egy bankettre, amelyet az Úr tart, a hívők minden erejüket bevetik, hogy a legszebb menyasszonyaként jelenjenek meg az Úrnak. Az Úr a mi szellemi vőlegényünk. Amikor az Úr menyasszonyai elérik az Úr kastélyának az elejét, két angyal alázatosan várja őket két oldalról, a kapu két oldalánál, amely fényesen ragyog az arany fényektől.

A kastélyok falai különböző értékes drágakövekkel vannak kirakva. A falak teteje gyönyörű virágokkal van bevonva, és ezek a virágok gyöngéd aromát bocsátanak ki az Úr menyasszonyai részére, akik alig értek oda. Ahogy bemennek a kastélyba, hallják a zene hangját, amely a szellemük legmélyebb részét is áthatja. Boldogságot és kényelmet éreznek a dicsőítés hatására, és a hálájuk mélyen megérinti őket, Isten szeretetére gondolva, aki elvezette őket erre a helyre.

Ahogy az arany úton gyalogolnak, az Úr kastélyának a fő épületéhez, angyalok vigyáznak rájuk, a szívük repes. Ahogy a főépülethez érnek, látják az Urat, aki kijött, hogy fogadja őket. A szemük azonnal megtelik könnyekkel, de most az Úr felé szaladnak, mivel az Úrral akarnak találkozni, amilyen gyorsan csak lehet.

Az Úr megöleli őket egyenként, miközben az Arca eltelik szeretettel és együttérzéssel, és a kezeit kitárja. Így köszönti őket: „Gyertek! Szépséges menyasszonyaim! Isten hozott!" A hívők, akiket az Úr melegen üdvözöl, megköszönnék neki, mondván: „Igazán köszönöm, hogy meghívott engem ide!" Mint azok, akik mélyen megosztják a szeretetüket, az Úrral kézen fogva járnak, szétnézve maguk körül, és beszélgetve Vele, akit olyan nagyon meg akartak kapni a földön.

Új Jeruzsálem városában az élet – mivel a Szentháromság Istenével történik – tele van szeretettel, örömmel, boldogsággal, és vidámsággal. Az Urat szemtől szemben láthatjuk, utazhatunk vele, és sok dolgot élvezhetünk Vele! Milyen boldog élet ez! Hogy ilyen boldogságot élvezzünk, szentté kell válnunk, és a szellem emberévé kell hogy váljunk, és a teljes szellem emberévé, amely teljesen Isten szívére hasonlít.

Ezért, gyorsan érjük el a teljes szellemet, ezzel a reménnyel, kapjunk áldást úgy, hogy minden dolgunk jól menjen, és legyünk egészségesek, ahogy a lelkünk virágzik, és később menjünk olyan közel Isten trónjához, amennyire lehetséges, Új Jeruzsálem dicsőséges városában.

A szerző:
Dr. Jaerock Lee tisztelendő

Dr. Jaerock Lee Muanban, Jeonnam Tartományban, a Koreai Köztársaságban született, 1943-ban. A húszas éveiben hét évig gyógyíthatatlan betegségekben szenvedett, és a gyógyulás reménye nélkül várta a halált. Egy napon 1974-ben azonban a nővére elvitte egy templomba, és amikor letérdelt, hogy imádkozzon, az Élő Isten az összes betegségéből kigyógyította.

Attól a pillanattól fogva, hogy e csodás tapasztalat révén Dr. Lee találkozott az Élő Istennel, teljes szívéből és őszintén szereti Istent, és 1978-ban elhivatott az Ő szolgájaként. Buzgón imádkozott, hogy megérthesse Isten akaratát, és teljesen beteljesítse azt, és Isten igéjét teljesen betartotta. 1982-ben megalapította a Manmin Központi Egyházat Szöulban, Koreában, és azóta számtalan isteni munka történt ebben a templomban, beleértve a nagyszerű gyógyulásokat és a csodákat.

1986-ban lelkésszé szentelték a Jézus Sungkyul Koreai Egyházának éves összejövetelén, és négy évvel később, 1990-ben az istentiszteleteit elkezdték közvetíteni Ausztráliában, Oroszországban, a Fülöp-szigeteken, és számos más országban, a Far East Broadcasting Company, az Asia Broadcast Station, valamint a Washington Christian Radio System közreműködésével.

Három évvel később, 1993-ban a Manmin Központi Templomot beválasztották „A világ legjobb 50 temploma" közé, a *Christian World Magazine* (Keresztény Világmagazin) által (USA), és tiszteletbeli doktori címet kapott a Christian Faith College, Florida, USA, intézménytől, és 1996-ban doktori címet is – a lelkészi tudományokban – az iowai Kingsway Theological Seminary-től, az Egyesült Államokból.

1993 óta Dr. Lee a világmisszió terén vezető szerepet vállal, külföldön az

Egyesült Államokban, Tanzániában, Argentínában, Ugandában, Japánban, Pakisztánban, Kenyában, a Fülöp-szigeteken, Hondurasban, Indiában, Oroszországban, Németországban és Peruban, és 2002-ben „világszintű lelkésznek" nevezték a vezető koreai keresztény újságok, a külföldi Nagy Egyesült Missziókban kifejtett tevékenységéért.

2015. szeptember a Manmin Központi Templom több mint 120. 000 tagot számlált, 10. 000 hazai és külföldi leányegyháza volt szerte a világon, és eddig több mint 103 misszionáriust küldött 23 országba, beleértve az Egyesült Államokat, Oroszországot, Németországot, Kanadát, Japánt, Kínát, Franciaországot, Indiát, Kenyát, és sok más országot.

A mai napig Dr. Lee 100 könyvet írt, közöttük a rekord példányszámban eladott *Az Örök Élet Megkóstolása a Halál Előtt, Életem Hitem I és II, A Kereszt Üzenete, A Hit Mértéke, A Mennyország I és II, A Pokol,* Isten Hatalma, és a munkáit több mint 76 nyelvre lefordították.

A keresztény rovatai megjelennek a *The Hankook Ilbo, The JoongAng Daily, The Dong-A Ilbo, The Chosun Ilbo, The Munhwa Ilbo, The Seoul Shinmun, The Kyunghyang Shinmun, Koreai Napi Gazdaság (The Korea Economic Daily), The Korea Herald, The Shisa News, és a Keresztény Sajtó (The Christian Press)* hasábjain.

Dr. Lee jelenleg több tisztséget tölt be: a Koreai Egyesült Szentség Egyház elnöke; a Manmin Misszió elnöke; a Global Christian Network (GCN) alapítója és igazgatótanácsának elnöke; a The World Christian Doctors Network (WCDN) alapítója és igazgatótanácsának elnöke; és a Manmin Nemzetközi Lelkészképző (MIS) alapítója és igazgatótanácsának elnöke.

Más, hasonlóan hatásos könyvek a szerzőtől:

Mennyország I & II

Egy részletes vázlat a mennyei állampolgárok dicsőséges körülményeiről, amelyet Isten dicsőségében élveznek.

A Kereszt Üzenete

Egy erőteljes ébresztő üzenet mindazoknak, akik spirituálisan alszanak. Ebben a könyvben megtalálod Isten igaz szeretetét, valamint megtudod: miért Jézus az egyedüli Megmentő?

Pokol

Egy őszinte üzenet az emberiségnek Istentől, aki azt kívánja, hogy egyetlen lélek se hulljon a pokol mélységeibe! Felfedezheted Hadész soha fel nem tárt képét, valamint a pokol kegyetlen valóságát.

Életem, Hitem I & II

Dr. Jaerock Lee önéletrajza a legkellemesebb spirituális aromát nyújtja az olvasó számára, az élete az Isten iránti szeretet által kezdett virágozni, miután sötét hullámok, hideg járom jutott számára, valamint a legmélyebb elkeseredés.

A Hit Mértéke

Milyen mennyei helyet, és milyen koronákat és jutalmakat készítenek elő a számodra a mennyekben? Ez a könyv ellát bölcsességgel és útmutatással téged, hogy megmérhesd a hited, valamint a legjobb és a legérettebb hitet gyakorolhasd.

www.urimbooks.com

www.ingramcontent.com/pod-product-compliance
Lightning Source LLC
LaVergne TN
LVHW041758060526
838201LV00046B/1047